Reflexões da ALMA

"A Ponte de L' Anglois", obra de Vincent van Gogh (1853-1890). Acervo do Wallraf-Richartz Museum, Colônia (Alemanha).

Paiva Netto

Reflexões da ALMA

ELEVAÇÃO

Produção editorial: *Equipe Elevação*
Revisão: *Equipe Elevação*
Impressão: *Mundial Artes Gráficas*
Foto da capa: *PhotoDisc*

Capa e diagramação: *Alziro Braga*

Depósito legal na Biblioteca Nacional conforme
Decreto nº 1.825, de 20 de dezembro de 1907.

Dados Internacionais de Catalogação na Publicação (CIP)
(Câmara Brasileira do Livro, SP, Brasil)

Paiva Netto, 1941-
Reflexões da Alma / Paiva Netto. — São Paulo :
Elevação, 2003.

1. Alma 2. Esperança 3. Legião da Boa Vontade
4. Meditações 5. Paz 6. Vida espiritual I. Título.

03-2180 CDD-242

Índices para catálogo sistemático:

1. Reflexões da Alma : Cristianismo 242

ISBN 85-7513-037-4

Av. Rudge, 938 — Bom Retiro
São Paulo/SP — Brasil
CEP 01134-000 — Tel.: (11) 3225-4800
Fax: (11) 3331-5803

Num futuro que nós, civis, religiosos e militares de bom senso, desejamos próximo, não mais se firmará a Paz sob as esteiras rolantes de tanques ou ao troar de canhões; sobre pilhas de cadáveres ou multidões de viúvas e órfãos; nem mesmo sobre grandiosas realizações de progresso material sem Deus. Isto é, sem o correspondente avanço ético, moral e espiritual. O Homem descobrirá que não é somente sexo e estômago. Há nele o Espírito eterno, que lhe fala de outras vidas e outros mundos, que procura pela Intuição ou pela Razão. A paz dos homens é, ainda hoje, a dos lobos e de alguns loucos imprevidentes que dirigem povos da Terra.

A Paz, a verdadeira Paz, nasce primeiro do coração limpo do Homem. E só Jesus pode purificar o coração da Humanidade de todo o ódio, porque Jesus é o Senhor da Paz.

O autor

(Texto extraído de *Dialética da Boa Vontade — Reflexões e Pensamentos*, de Paiva Netto, lançado em 1987, 51ª ed., p. 113.)

"Se as
guerras nascem na
mente dos
homens, é na
mente dos
homens que
devem ser
construídos os
baluartes da Paz."

(Trecho extraído do Preâmbulo da Constituição da Organização das Nações Unidas para a Educação, a Ciência e a Cultura — UNESCO, aprovada em 16 de novembro de 1945.)

Glória a Deus nas Alturas, Paz na Terra aos homens (e às mulheres, aos jovens e às crianças) *da Boa Vontade de Deus.*

(Cântico da Milícia Celeste ao anunciar aos pastores do campo o nascimento de Jesus. Evangelho do Cristo, segundo Lucas, 2:14.)

Prefácio

Este livro não é somente um refrigério para nossa caminhada no dia-a-dia, conturbado pelas lutas que precisamos travar por causa da sobrevivência, mas é um fruto amadurecido com o intuito de alimentar uma visão renovada para a Humanidade.

Nele encontramos a esperança e a tranqüilidade não como um recurso a nos anestesiar, enquanto tudo o mais à nossa volta passa por um vendaval de desafios e vorazes tormentas. Ao lermos as suas mensagens e refletirmos sobre elas, somos impulsionados por uma certeza formada na convicção advinda da aplicação de conceitos hauridos da compreensão das Leis Espirituais, que regem o desenvolvimento de todos nós e oferecem um caminho de preservação de nossa morada comum, o Planeta Terra.

O consagrado escritor e ativista Paiva Netto há muito trabalha o conceito de conhecimento integral. Faz, ao longo de sua vida, um apreciável esforço para vencer a fragmentação. O percurso de sua obra nos traz uma concepção ecumênica do saber, descobrindo a unidade na diversidade em um campo criativo e neutro e colocando-a a serviço do ser espiritual e material, que somos, para que superemos o dualismo, o qual, ao longo dos séculos, nos dificulta o entendimento da finalidade da existência.

A Alma, aqui, reflexiona diante dos desafios éticos, religiosos, políticos, científicos e sociais. Não há espaço para fuga. O enfrentamento é direto, mas a proposta, diferentemente dos modelos vigentes, não estabelece o conflito como trajeto para chegarmos à solução. O recurso oferecido é o da superação do estágio atual por outro mais elevado. A resposta nasce do Espírito e estende-se para as relações pessoais, familiares e sociais. Toda grande reforma do mundo começa na eficaz transformação — para melhor — de cada um dos indivíduos.

A Civilização do Espírito, realização essencial do Terceiro Milênio, é o apogeu de uma Cultura de Paz. Como afirma o autor desde há décadas, precisamos substituir a "cultura da morte", que está entronizada como parâmetro da ordem dominante, pois tudo o que surge da concepção de sermos seres finitos tem um trágico erro de origem, que somente pode gerar a violência e a guerra.

O princípio universal máximo, que sublima o ódio — alimentador de todas as divisões e separatismos —, é o Amor do Novo Mandamento de Jesus: *Amai-vos como Eu vos amei.* Esse é o campo neutral, que nos permite enxergar a contribuição de todos os seres e dos saberes para a manifestação da sabedoria plena. Por isso, *Reflexões da Alma* não registra somente o processo de interiorização e exteriorização do escritor, mas estabelece um processo de interação entre o leitor e as concepções apresentadas, de forma que cada um possa beneficiar-se de um crescimento o qual, ao mesmo tempo que nos impulsione como indivíduos, nos eleve a uma nova Cidadania. É o conceito do cidadão-estadista, desafiado a pensar e a agir em função do todo, derrubando o individualismo egóico, produzido pelos séculos de materialismo religioso ou ateu.

Podemos dizer que este livro continua a ser escrito por meio de todos os seus leitores, pois, como Cidadãos Ecumênicos, não somos mais coadjuvantes em um mundo dominado pelo consumismo, mas, sim, protagonistas da Sociedade Solidária*.

Paulo Alziro Schnor
Jornalista

---

* **Sociedade Solidária** — Conceito defendido por Paiva Netto há décadas, repetido durante o I Congresso Internacional dos Irmãos Operários de Deus (que ocorreu em 1º de maio de 1983, no Botafogo Futebol e Regatas, na cidade do Rio de Janeiro/RJ) e publicado em diversos órgãos de imprensa do Brasil e do Exterior. Suas palavras marcaram essa conceituação dos Ideais da Boa Vontade, que movem, ainda hoje, diversas ações no campo social e educacional para a promoção de políticas públicas de desenvolvimento sustentável do País por meio da mais ampla inclusão social: a que contempla necessidades físicas e espirituais, promovendo a formação do Cidadão Ecumênico, componente ativo de uma Sociedade Solidária, transformada pelo Amor. "(...) O exemplo para que haja fartura vem do Cristo. Só pode haver abundância, perfeitamente distribuída, na Sociedade Solidária, em que todos se entendam e cada um reconheça que faz parte de um grande organismo ou corpo social, chamado Humanidade. Um pequeno órgão, por menor que seja, se estiver combalido, afetará todo o organismo (...)", afirmou durante aquele evento.

"O Talhador de Pedras", obra de Georges Seurat (1859-1891). Coleção Mellon, Washington (EUA).

A Face de

Deus é o

Amor. Quanto

mais amamos,

mais Ele se

manifesta

em nós.*

* Pensamento de Paiva Netto incluído em uma de suas composições musicais, num CD que tem como título a primeira frase.

Em tempo algum a civilização alcançou tamanho grau de tecnologia. Que falta, pois, para que haja Paz? Resta sublimar as ações do progresso com a Espiritualidade, que potencialmente nos acompanha — saibamos ou não saibamos, queiramos ou não queiramos — desde antes do berço e de que devemos ser proclamadores, como crentes em Deus. Naturalmente que entendido como Amor, Verdade e também Justiça, que "é o apoio do mundo", ao passo que "a injustiça, pelo contrário, é origem e fonte de todas as calamidades que o afligem", consoante o pensamento de Dietrich de Holbach* (1723-1789).

* **Paul Heinrich Dietrich** — Filósofo francês de origem alemã. Era chamado de Barão d'Holbach. Dizia ele: "A justiça é o apoio do mundo: a injustiça, pelo contrário, a origem e fonte de todas as calamidades que o afligem".

Toda organização vitoriosa desfruta a presença marcante de mulheres espiritualmente esclarecidas. A intuição, competência do Criador manifesta na criatura, é um dos poderosos instrumentais femininos. Talvez por isso tenha Voltaire* (1694-1778), um dia, exclamado: *"Tous les raisonnements des hommes ne valent pas un sentiment d'une femme"*, isto é, todos os raciocínios dos homens não valem o sentimento de uma mulher.

* **Voltaire** — Nascido em Paris (França), François Marie Arouet adotou o nome de Voltaire quando esteve preso na Bastilha, em 1717. Destacou-se como escritor e filósofo, tendo seu pensamento centrado no racionalismo. Uma de suas mais importantes obras é *Dicionário Filosófico*, publicado em 1764, no qual se encontra o melhor de suas idéias, na maioria revolucionárias. Nesse intuito, valeu-se também de outros autores, os quais citou em seu trabalho, que possui uma grande parte histórica. Por tudo isso, tornou-se uma das principais figuras de um movimento de renovação da cultura e de crítica à política absolutista: o Iluminismo, cujos ideais deram origem, entre outros acontecimentos, à Revolução Francesa (1789).

Mundo em guerra, ou melhor, mundo sempre em guerra. Então, é igualmente hora de **sempre** falar na Paz e de lutar por ela, sem descanso, até que seja alcançada. Um dos maiores perigos que a Humanidade atravessa é a vulgarização do sofrimento. De tanto assistir a ele pela mídia, os povos podem passar a tê-lo como uma coisa corriqueira e, pior, que não é passível de ser mudada. Eis o assassínio da tranqüilidade entre as pessoas e os países quando se deixam arrastar pelo "irremediável". Ora, tudo pode ser corrigido nesta vida.

Se, pelo massacre das notícias trágicas, as famílias se acostumarem ao absurdo, este irá tomando conta de suas existências.

As Leis Divinas governam os destinos da Terra. Pena que a maioria dos Seres Humanos ainda não saiba disso. Esse desconhecimento contribui para a dificuldade de realização delas, facilitando, assim, os desastres que a todo momento se vêem e o campear da guerra pelos milênios. Mas que Jesus almeja para nós? A resposta se encontra neste trecho do confortador *Imitação de Cristo*, no qual o monge Tomás de Kempis* (aprox. 1379-1471) comenta os ensinamentos do Educador Celeste: "Disse Jesus: *Filho, declarei a meus discípulos: Minha Paz vos deixo, minha Paz vos dou. Eu não vos dou a paz do mundo. Eu vos dou a Paz de Deus que o mundo não vos pode dar* (Evangelho, segundo João, 14:27). Comentário: Todos desejam a Paz, mas nem todos buscam os procedimentos que produzem a verdadeira. A minha Paz está com os humildes e simples de coração. Na muita paciência a encontrarás. Se me ouvires e seguires a minha voz, poderás usufruir dela fartamente".

* **Tomás de Kempis** — Humilde sacerdote, autor de um dos mais importantes livros da história religiosa do mundo: *Imitação de Cristo.* Nascido em Kempis (Alemanha), foi enviado aos 13 anos à escola de Deventer (Holanda). Aluno apto, sempre notado pela sua elegância e perícia em transcrever manuscritos, que foi seu trabalho predileto por toda a vida. Além de suas próprias composições, copiou numerosos tratados da Patrística, especialmente *São Bernardo* (um missal para uso em sua comunidade), e uma Bíblia inteira em quatro grandes volumes, que ainda existem. Em suas páginas, encontra-se esta advertência, que atravessou os tempos: *O quam cito transit gloria mundi!* (Oh! quão rapidamente passa a glória deste mundo!). A maioria das pessoas a conhece nesta forma resumida: *Sic transit gloria mundi* (Assim passa a glória do mundo).

As lições da racionalidade, pelos séculos, têm demonstrado que os caminhos da Paz exigem maior autoridade e determinação do que os da violência. Aos que batalham perseverantemente pelo Bem dos povos, quaisquer que sejam suas crenças, este conforto de Jesus, no Evangelho, segundo Mateus, 19:26: *O que não é possível ao Homem, para Deus é sempre possível.*

* * * * *

Confúcio* (551-479 a.C.) disse: "Há pouca diferença entre os homens e as feras. E muitos homens reduzem essa diferença a nada". Diante desse aforismo do honorável filósofo chinês, a selvageria poderá ser entendida como lei de animais ferozes, jamais da criatura humana, que se considera um ser racional e espiritualizado.

* * * * *

---

* **Confúcio** — Seu nome verdadeiro era K'ung Fu-tsé. Nasceu em Tsu, Estado de Lu, hoje Shantung (China). A renascença social e moral advogada por Confúcio é a de que uma sociedade humana deve ser regida por um movimento educativo, o qual parte de cima e equivale ao amor paterno, e por outro, de reverência, que parte de baixo, como a obediência de um filho. A doutrina confuciana considera o homem bom e possuidor do livre-arbítrio, sendo a virtude sua recompensa. O único sacrilégio é desobedecer à regra da piedade.

Há quem confunda valentia com brutalidade ou atitudes sem qualquer sensatez. Dessa forma não pensava Xenofonte*[1] (431- aprox. 350 a.C.), que assim se exprimiu: "Não há coragem louvável se não for acompanhada pela prudência". É evidente que o famoso discípulo de Sócrates*[2] (aprox. 470-399 a.C.) não propunha a entronização da covardia, porque somente homens decididos poderiam acompanhar o "Príncipe dos Filósofos", que, por seu destemor, foi condenado à morte, sob a falsa acusação, dentre outras, de corromper os jovens da Atenas de seu tempo.

Na verdade, como já lhes afirmei, caro leitor, cara leitora, valentia é aceitar uma incumbência, por mais difícil que pareça, e levá-la, com todo o brio, até o seu término. Certa vez, ouvi de um antigo companheiro de ideal, Achilles de Andrade de Souza*[3] (1913-1991), a citação do seguinte pensamento: "O desânimo é a desculpa dos ineptos".

*[1] **Xenofonte** — Nasceu na Ática, durante a guerra do Peloponeso (431-404 a.C.), travada entre Atenas e Esparta. Foi discípulo de Sócrates, soldado, aventureiro, proprietário rural e escritor. É considerado o primeiro autor sobre a arte eqüestre, cuja disciplina fora expressada de acordo com o pensamento clássico da época, princípios que seguimos até hoje.

*[2] **Sócrates** — Nasceu e morreu em Atenas, Grécia. Filósofo, mestre de Platão e Xenofonte, é um dos mais importantes pensadores da história da Humanidade. Era filho do escultor Sofronisco e da parteira Fenarete. Aluno do geômetra Teodoro de Cirena e de Pródico, casou-se com Xantipa e foi preceptor de Alcibíades, com quem participou de várias batalhas, destacando-se as de Delion, Potidéa e de Anfipolis. Suas idéias tiveram profundas influências do também filósofo grego Anaxágoras, que acreditava em uma inteligência organizada do mundo e das coisas. Sócrates não deixou material escrito, tendo todas as suas informações sido descritas pelos discípulos que o seguiram. Suas reflexões são consideradas um marco cultural do Ocidente. Contestou os sofistas e a educação acrítica que era imposta à juventude. Como conseqüência, foi condenado à morte, pela ingestão de cicuta, sob a acusação de corromper os jovens.

*[3] **Achilles de Andrade de Souza** — Desenhista técnico e funcionário público. Legionário da Boa Vontade, tendo exercido o cargo de Assistente Geral da LBV.

Coragem não é bazófia. Todo fanfarrão é covarde. Lição do sábio grego Plutarco* (46-120): "O homem verdadeiramente corajoso não busca perigos. Enfrenta-os", quando aparecem.

* **Plutarco** — Filósofo, biógrafo e escritor. Nascido em Queronéia, região próxima de Tebas, passou quase toda sua vida se dedicando à escrita, o que resultou em mais de 200 livros. O clássico que o imortalizou foi *Vidas Paralelas*, contendo a biografia de várias personagens gregas e romanas célebres.

* * * * *

Um dos maiores questionamentos de boa parte daqueles que desejam a salvação espiritual é "O que mais agrada a Deus?". O grande reformador Martinho Lutero*[1] (1483-1546) tem a resposta, citada pelo professor Leônidas Boutin: ter Fé verdadeira e inabalável na Palavra de Deus, que está contida nas Sagradas Escrituras. E quem tem verdadeiramente Fé há de praticar Boas Obras, isto é, amará ao próximo, pois é impossível ter Fé sem praticar Boas Obras, que são, assim, decorrências naturais e inevitáveis dela*[2].

---

*[1] **Martinho Lutero** — Jovem, tornou-se monge. Desenvolveu doutrina afirmando que a salvação depende exclusivamente da fé em Deus. Decidiu tornar públicas essas idéias e elaborou 95 teses, nas quais combatia abusos, especialmente a venda de indulgências. Fixou o seu protesto na porta da igreja do castelo de Wittenberg, no dia 31 de outubro de 1517. Suas idéias atingiram rapidamente o povo, e essa divulgação foi facilitada pelo recém-inventado sistema de impressão de textos em série, a imprensa nascente. O movimento da Reforma espalhou-se pelo Ocidente, e, em 1530, os líderes protestantes, pela pena de Filipe Melanchton, escreveram a *Confissão de Augsburgo*, resumindo os elementos doutrinários fundamentais do Luteranismo.

*[2] Esta citação se encontra na abertura do livro *Da Liberdade Cristã*, de Martinho Lutero. O professor Leônidas Boutin iniciou a tradução dessa obra em 1958, com o apoio dos reverendos pastores Heinz Soboll e Richard Wengan, da Comuna Evangélica de Curitiba.

Infinita Misericórdia

Quem faz
Caridade,
persistindo nela,
recebe de Deus a
Caridade Dele,
ou seja, Sua
Infinita
Misericórdia.

Nenhum planejamento, por mais bem-elaborado que seja, terá êxito se lhe faltar intensa harmonia e sentido de unidade na diversidade para que a adversidade seja vencida. Getúlio Vargas* (1883-1954), que teve uma longa e dramática vida pública no Brasil, deixou este testemunho: "Só há uma força capaz de construir por toda a eternidade: o Amor".

---

* **Getúlio Vargas** — Um dos mais populares presidentes da República do Brasil, foi chefe provisório (1930-1934), presidente eleito pela Constituinte (1934-1937) e ditador (1937-1945). Foi o responsável pela introdução de grandes reformas nas áreas social, trabalhista e industrial. Em 1951, assumiu novamente a presidência, pelo voto popular. Governou o Brasil até 1954, quando se suicidou. Sua filha, Alzira Vargas do Amaral Peixoto, certa vez, enaltecendo o trabalho da LBV, afirmou: "Paiva Netto está fazendo o que Getúlio Vargas também desejou: que cada brasileiro se emancipasse".

* * * * *

Em um mundo que se globaliza, tantas vezes esmagando tradições respeitáveis, é prudente não desconsiderar o pluralismo que existe em cada povo, até mesmo em pequenas tribos, enquanto labutamos em favor do espírito solidário, preconizado pelo Ecumenismo Irrestrito, que é Boa Vontade em marcha. Isto é, a vontade decidida, generosa; universal vontade de viver em paz, como, por muitos anos, pregou o escritor e poeta brasileiro Alziro Zarur* (1914-1979). O autor de *Poema do Deus Divino* lançou, já na década de 1940, a Cruzada de Religiões Irmanadas, sob a invocação de um Brasil melhor e de uma Humanidade mais feliz. O espírito de Fraternidade entre os religiosos deve servir de exemplo aos demais.

* * * * *

* **Alziro Zarur** — Nascido na cidade do Rio de Janeiro, Brasil, no Natal de Jesus de 1914. Jornalista, radialista, escritor e poeta, fundou a Legião da Boa Vontade (LBV), em 1º de janeiro de 1950, e brilhantemente presidiu-a até a sua passagem para o Plano Espiritual, em 21 de outubro de 1979. Polêmico e carismático, pregador entusiasta do Evangelho e do Apocalipse de Jesus de forma popular e inovadora, Zarur foi também o grande precursor do Ecumenismo Total no mundo, tese que já sustentava desde a sua adolescência, quando lançou os fundamentos de sua Cruzada de Religiões Irmanadas.

* * * * *

O sentimento de Amor legítimo liberta o Ser Humano das algemas do rancor, que lhe provoca uma série de enfermidades psíquicas, físicas e, conseqüentemente, sociais. Certa ocasião, questionaram o grande evangelista norte-americano Eli Stanley Jones* (1884-1973) sobre o segredo de sua boa saúde, apesar da idade já avançada e das muitas andanças missionárias que tinha realizado pelo mundo. Entre outras coisas, respondeu: "Não tenho ódios nem ressentimentos (...). O ódio é um veneno que deve ser eliminado de nossas vidas".

* * * * *

---

* **Eli Stanley Jones** — Notável professor e missionário metodista. Foi educado em escolas de Baltimore e estudou Direito, sendo graduado pela Faculdade de Asbury, Wilmore, Kentucky. Em 1907, quando ainda estudava, foi chamado a prestar serviço no grupo de Missionários da Igreja Episcopal Metodista, na Índia, no qual permaneceu largo período de sua vida. Foi um dos mais conhecidos missionários cristãos do mundo. Por várias vezes visitou o Brasil.

Barrigas vazias nem sempre estão dispostas a escutar... (...) Sem verdadeiro respeito à pessoa humana, não pode haver uma economia em que a Solidariedade seja um luzeiro a abrir caminhos novos entre as trevas da ganância. Todos têm o direito a uma existência digna. Trata-se do exercício da cidadania. Unidos*[1], devemos, como Humanidade, trilhar as sendas do progresso acessível a todos. É conseqüência da vida em ecumenismo*[2].

*[1] **Unidos** — Paiva Netto, no seu livro *Dialética da Boa Vontade — Reflexões e Pensamentos*, escreveu: "Quando no Programa Boa Vontade, o PBV, falamos na **união** de todos pelo bem de todos, alguns podem atemorizar-se, pensando em capitulação de seus pontos de vista na enfadonha planura de uma união despersonalizada, o automatismo

humano deplorável. Não é nada disso. Na Democracia Divina, todos têm o dever de expressar **civilizadamente** suas idéias, sua maneira de ver as coisas. Entretanto, ninguém tem o direito de odiar a pretexto de pensar diferente. Dizia Gandhi que 'divergência de opinião não deve ser jamais motivo para hostilidade'. E foi por pensar assim que o Mahatma tornou-se o libertador do seu povo. O dever de expressar civilizadamente o seu ponto de vista não significa que, para viger a Democracia, Você tenha de ser o vencedor. Pelo contrário, democrático é saber conviver também com a derrota. Quem isto não aceita, não sabe o que é Democracia". Para conhecer mais sobre a **Democracia Divina,** leia o *Livro de Deus*, de Paiva Netto, 21ª ed., p. 119.

*2 **Nota do autor** — Sempre que Você ler em meus escritos ou ouvir em meus improvisos a palavra "Ecumenismo", por favor, considere o aspecto original do termo. De acordo com sua etimologia, "ecumênico" (do grego *oikoumenikós*) significa "de escopo ou aplicabilidade mundial; universal". Utilizamos esse termo em abundância porque não haverá verdadeira Paz Mundial enquanto ela não for estendida a todos os habitantes da Terra. A paz dos grupos separados é permanente convocação para novos conflitos. (Esta explicação de Paiva Netto se encontra no documento que escreveu aos participantes da Conferência de Cúpula da Paz Mundial para o Milênio, realizada na Organização das Nações Unidas (ONU), em 31 de agosto de 2000. O Presidente da Religião de Deus, ao ser convidado a participar do evento — que reuniu mais de mil líderes religiosos —, dedicou-lhes uma publicação especial, editada em quatro idiomas.)

* * * * *

Trabalhemos
incansavelmente de
forma que seja
extirpada dos
corações a guerra.
As armas não
disparam sozinhas.
"Mas, e em caso de
acidente?!", alguém
poderia perguntar.
Antes não tivessem
sido feitas, ora!

* * * * *

A primeira obrigação de um sacerdote é trabalhar no sentido da Fraternidade, da Temperança entre os seguidores das diversas crenças. Assim pensam todos os que amam, que desejam ver a Paz definitivamente estabelecida na Terra, de modo que a intolerância deixe, por fim, de ser uma especialidade no campo religioso. Vejamos o que a respeito diz o Profeta Maomé*[1] (570-632) — "Que a paz e a bênção de Deus estejam sobre ele!"*[2], anotado neste ensinamento: "Cremos no nosso Deus, cremos no vosso Deus. Porque o Deus é um só, o conteúdo é um só. A forma de chegarmos a Ele, sim, é diferente".

Na Religião de Deus*[3], a Religião do Amor Universal, o Ecumenismo sem fronteiras, pregamos o Ecumenismo das Almas, o Ecumenismo dos corações, que independe de contendas teológicas, porquanto o que propõe como objetivo é unicamente o bem da criatura. Se os religiosos não fizerem a Paz primeiro entre si, com que autoridade poderão promovê-la entre as nações?

---

*[1] **Maomé** — Nas suas múltiplas viagens teve conversas com os persas, judeus e cristãos. Casou com uma viúva rica, chamada Kadidja, prima de um cristão. A partir do ano 610 começou a ter visões, avisando-o que estaria destinado a restabelecer o Islã, isto é, a submissão a um só Deus. Era preciso acabar com a adoração de muitos deuses e evitar a corrupção em que o povo vivia. Deu início à sua pregação, reunindo muitos seguidores. Perseguido, foi convidado a fazer da cidade de Yathrib, localizada ao norte de Meca, a sede de seu apostolado. Começou, assim, a migração gradativa dos adeptos da nova religião. O deslocamento terminou em 25 de setembro de 622, data que se tornou o ponto inicial da cronologia maometana. Esse ano ficou conhecido como o ano da Hégira (saída).

*[2] Saudação islâmica ao Profeta.

*[3] **Religião de Deus** — Nesta e em outras obras literárias, o leitor irá deparar com as denominações Legião da Boa Vontade e Religião de Deus, criadas pelo saudoso Alziro Zarur, que se irmanam na lide em prol de um Brasil melhor e de uma Humanidade mais feliz. São elas duas instituições irrestritamente ecumênicas, irmanadas para atender de forma integral às carências fundamentais do Ser Humano com o seu Espírito eterno, transformando-o sem paternalismos, a fim de que ele possa assumir na sociedade o seu papel de elemento para solucionar os problemas existentes. Agem assim para que a Criatura Humana se realize por meio dos poderosos ensinamentos do Espírito (Religião de Deus) e da dinâmica ação de reforma humana e social (Legião da Boa Vontade), decorrência natural da primeira etapa. Disse Jesus: *Procurai primeiramente o Reino de Deus e Sua Justiça, e todas as coisas materiais* (portanto, humanas e sociais) *vos serão acrescentadas* (Evangelho do Cristo, segundo Mateus, 6:33). Da convergência dessas ações — a Espiritual e a Humano-Social — nasce a Política de Deus, para o Homem e para o Espírito do Homem.

"Golfo de Marselha visto da Estaque", obra de Paul Cézanne (1839-1906). Museu Metropolitano de Arte, Nova York (EUA).

Disse Jesus: *Eu e o Pai somos um.* Necessário é, pois, inferir que o Espírito (*Deus é Espírito*, ensinou o Cristo) e a criação do Filho, expressa na Natureza pela matéria planetária, são também Um, isto é, tem a mesma origem **espiritual**. Não se trata de panteísmo*[1]. A Revolução de Einstein*[2] (1879-1955) no campo da Física foi nessa mesma direção: $E = mc^2$. A conceituação moderna de matéria é nuclear. A imagem da solidez foi substituída pelo circuito fissão*[3]/fusão*[4]. A liberação da energia, contida no dinamismo dos núcleos acelerados, passa pelos dedos e escapa às mãos dos que desejariam segurar a matéria, firmados em ultrapassados conceitos do materialismo dialético. Eis uma descoberta científica com sérias conseqüências morais, como todas o são em profundidade*[5].

*[1] **Panteísmo** — Palavra de origem grega (*pan*: tudo, todas as coisas, e *théos*: deus). Trata-se de uma doutrina que afirma a identidade

material de Deus e do Universo, os quais formariam uma unidade, um todo indivisível. Para muitos, os fenômenos da Natureza seriam a representação da própria Divindade, por isso elegeram os seus elementos para adorá-La.

*[2] **Albert Einstein** — Físico judeu-alemão, um dos maiores gênios científicos de todos os tempos. Em 1900, formou-se na Escola Politécnica de Zurique, Suíça, e adotou nacionalidade desse país. Após seu casamento, em 1902, começou a trabalhar no Departamento de Patentes de Berna. Três anos depois, formulou a Teoria da Relatividade Restrita e passou a publicar artigos sobre física teórica. Mais tarde, anunciou a Teoria Geral da Relatividade, que apresentou uma nova visão dos fenômenos gravitacionais. Em 1921, recebeu o Prêmio Nobel de Física. Com a chegada de Hitler ao poder, foi obrigado a fugir da Alemanha, indo, em 1933, para os Estados Unidos, onde ganhou cidadania norte-americana, em 1940. Suas teorias permitiram a construção da primeira bomba atômica. Após as explosões no Japão, no fim da Segunda Guerra Mundial (1939-1945), defendeu a fiscalização do uso da energia atômica e lutou pelo pacifismo.

*[3] **Fissão** — Significa partição, quebra, divisão. Ocorre fissão nuclear quando há divisão de um núcleo atômico pesado e instável por meio do bombardeamento desse núcleo com nêutrons moderados.

*[4] **Fusão** — É o ato ou efeito de fundir ou fundir-se; liga; união. O ponto de fusão de uma substância verifica-se com a passagem do estado sólido para o líquido, tornando o elemento mais pesado a partir de um mais leve.

*[5] Este texto faz parte de um artigo redigido por Paiva Netto em Arnoso, Portugal, originado de uma carta que escrevera, em 28 de fevereiro de 1993, a seu filho José Eduardo Paulote de Paiva. Com o título "Matéria também é Espírito. Deus não é suicida", o artigo foi publicado em 29 de abril de 1993, no jornal *Correio Braziliense*, de Brasília/DF, Brasil.

A vida é anterior à fecundação do óvulo pelo espermatozóide. Por intermédio do Profeta Jeremias, no seu livro do Antigo Testamento da Bíblia Sagrada, 1:5, o Poder Divino proclama: *Antes que eu te formasse no ventre materno, te conheci, e, antes que saísses do útero de tua mãe, te consagrei, e te constituí profeta às nações.* Diante disso, o que é o aborto, senão uma violência? Mata uma pessoa viva. (...) O comovente flagrante do feto que, de dentro do útero materno, segura o dedo do médico que o opera é emblemático*[1]. Ele está pedindo segurança, conforto, carinho... É impressionante! Respeitamos o livre-arbítrio das criaturas humanas, mas não podemos deixar de dizer, com toda a consideração e igual empenho, o que pensamos: o aborto é uma demonstração de quanto falta humanidade à Humanidade. O resultado dessa ausência de compaixão?! Está por aí às claras, nos fatos do dia-a-dia, e expressa nas páginas do Apocalipse de Jesus. Ele não é um rol de ameaças feitas pelo Criador às Suas criaturas. Pelo contrário. O Livro das Revelações Finais é, na verdade, a carta de um Amigo a seus amigos*[2], objetivando avisá-los sobre o que lhes acontecerá se teimarem em seguir por caminhos tortuosos. Nada mais, nada menos. Não são as páginas do Apocalipse que produzem armas nucleares, químicas, remédios com perigosos efeitos colaterais, agrotóxicos a envenenar os alimentos, corrupção, prostituição, assaltos, intolerância, violência de todos os tipos e males. Somos nós, os Seres Humanos, quando afastados do Bem, que damos vida a todos esses atos funestos, os quais nos ameaçam de destruição planetária. (...) O Apocalipse é um gesto solidário do Criador dirigido às Suas criaturas. Basta ver que, logo no seu início, dedica uma Bem-Aventurança aos que acatam a sua mensagem admoestadora, pois o Tempo em breve chegará*[3].

*[1] O autor refere-se a um dos relatos mais eloqüentes em favor da vida, registrado pelo fotógrafo Paul Harris, quando cobria, na Universidade de Vanderbilt, em Nashville, Tennessee (EUA), uma cirurgia de espinha bífida em um feto de apenas 21 semanas. Durante a intervenção, captou, em uma foto magistral, o momento exato no qual o feto tirou sua pequenina mão do útero materno e segurou o dedo do Dr. Joseph Bruner, que o estava operando. O fato foi divulgado pela mídia. A mãozinha que emocionou o mundo pertence a Samuel Alexander, que nasceu — saudável — a 2 de dezembro de 1999. Vale ressaltar ainda que uma espinha dorsal bífida pode causar danos cerebrais, paralisias diversas e até mesmo incapacidade total. Porém, se o problema for corrigido antes de a criança nascer, muitas serão as probabilidades de cura.

*[2] Leia os comentários de Paiva Netto em seu livro *As Profecias sem Mistério*, no capítulo "Apocalipse e Moderação", 36ª ed., p. 39.

*[3] **Nota do autor** — Diversas vezes já afirmei, nas minhas palestras de rádio e TV e nos volumes de *O Apocalipse de Jesus para os Simples de Coração*, que o Livro Bíblico das derradeiras profecias constitui um alerta que visa acordar os desatentos do mundo para o que o futuro lhes promete se continuarem a destruir sua única morada, a Terra.

Alguns argumentam contra a credibilidade do Apocalipse, tendo em vista esta sua afirmativa: ***... pois o Tempo em breve chegará.*** E o fazem até sem jamais tê-lo lido. Ou, se abriram suas páginas, passaram apenas os olhos sobre elas, com a ligeireza de quem lê um romance de segunda classe... A esses, convido a levar em consideração alguns fatores, entre eles:

1) que o "breve" para Deus não é o mesmo para os homens. Convém lembrar esta passagem do Antigo Testamento da Bíblia Sagrada, Salmo 90:4 (Oração de Moisés*[1], Varão de Deus): *Porque mil anos são aos teus olhos* (ó Senhor!) *como o dia de ontem que passou, e como a vigília da noite*, e do Novo Testamento, Segunda Carta do Apóstolo Pedro, 3:8 a 10: *Mas, amados, não ignoreis uma*

coisa: que um dia para o Senhor é como mil anos, e mil anos, como um dia. O Senhor não retarda a Sua promessa, ainda que alguns a tenham por tardia; mas é longânimo para convosco, não querendo que alguns se percam, senão que todos venham a arrepender-se. Mas o Dia do Senhor virá como o ladrão de noite, no qual os céus passarão com grande estrondo, e os elementos, ardendo, se desfarão, e a terra e as obras que nela há se queimarão;

2) que dois milênios, com referência à idade da Terra como planeta — cerca de 5 bilhões de anos —, estatisticamente considerados, correspondem a zero;

3) que muitos dos fatos previstos no Livro das Profecias Finais já ocorreram ou estão ocorrendo*[2].

---

*[1] **Moisés** — Líder e libertador do povo hebreu, é o autor dos cinco primeiros livros da Bíblia Sagrada: Gênesis, Êxodo, Levítico, Números e Deuteronômio, que constituem o chamado Pentateuco Mosaico, ou *Torá* (Lei), para os judeus.

*[2] **Nota do autor** — A quem interessar, o meu convite para que leia as coleções *O Brasil e o Apocalipse* e *O Apocalipse de Jesus para os Simples de Coração*, ou ouça minhas palestras na Rede Boa Vontade de Rádio e na Rede Mundial — A TV da Educação com Espiritualidade.

Para os que tremem mesmo ante a simples citação do Livro das Profecias Finais, transcrevemos as Sete Bem-Aventuranças do Apocalipse*, de forma que lhes seja mostrado que só existem motivos aos que perseverarem no Bem até o fim para sentirem-se seguros em seus passos:

* **As Sete Bem-Aventuranças do Apocalipse** — Veja referência a elas no livro *Somos todos Profetas*, de Paiva Netto, Editora Elevação, 44ª ed., pp. 48 a 50.

I

— *Bem-Aventurados aqueles que lêem e aqueles que ouvem as palavras da profecia deste Livro e guardam as coisas nele escritas, pois o Tempo está próximo* (1:3).

II

— *Então ouvi uma voz do céu, que me dizia: Escreve: Bem-Aventurados os mortos que desde agora morrem no Senhor. Doravante, diz o Espírito, que descansem das suas fadigas, pois as suas obras os acompanham* (14:13).

III

— *Eis que venho como vem o ladrão. Bem-Aventurado aquele que vigia e guarda as suas vestiduras, para não andar nu, e não se veja a sua vergonha* (16:15).

IV

— Então me falou o Anjo: Escreve: Bem-Aventurados aqueles que são chamados à ceia das bodas do Cordeiro. E acrescentou: São estas as verdadeiras palavras de Deus (19:9).

V

— Bem-Aventurados e santos aqueles que têm parte na primeira ressurreição; sobre esses a segunda morte não tem autoridade; pelo contrário, serão sacerdotes de Deus e de Cristo Jesus, e reinarão com Ele os mil anos (20:6).

VI

— Eis que venho sem demora. Bem-Aventurado aquele que guarda as palavras da profecia deste Livro (22:7).

VII

— Bem-Aventurados aqueles que lavam as suas vestiduras no sangue do Cordeiro, para que lhes assista o direito à Árvore da Vida Eterna, e entrem na cidade pelas portas (22:14).

Diante disso, conclui-se que o Apocalipse não está aí para apavorar ninguém, e, sim, para alertar o mundo com forte autoridade. Entretanto, o faz por meio de um recado pleno de Esperança e Confraternização, para os que, com espírito humilde, procurem ter *olhos de ver e ouvidos de ouvir*. Preocupantes são os feitos maléficos de tanta gente perturbada e perturbadora a danar a vida das pessoas e das nações.

"Um Ângulo do Porto de Honfleur", obra de Georges Seurat (1859-1891). Acervo de Rijksmuseum Kröller-Müller, Otterlo (Holanda).

Nesta altura do campeonato, em que o mundo verga sob o perigo de destruição total, Política, Religião, Filosofia, Ciência, Economia, Arte, Esporte, ou o que mais o seja, quando dispostos a prejudicar as gentes, estão como que suplicando uma transformação profunda: a que tenha o Ecumenismo da Fraternidade como bandeira que jamais deve ser baixada.

O mundo fatiga-se com demasia de palavras e pobreza de ações eficazes, atos que de forma efetiva sirvam de modelo para a concretização de um espírito de concórdia, que na verdade transforme o indivíduo de dentro para fora, coisa que não se consegue por decreto. Evidentemente que esse trabalho humano e espiritual de iluminação das criaturas deve ser acompanhado por acertadas medidas políticas, econômicas e sociais; instrução; educação; e a indispensável Espiritualidade. Isto é, uma perfeita sintonia com as Dimensões Superiores da Humanidade Celeste, até agora invisíveis aos nossos olhos materiais. No entanto, os "mortos" continuam vivos. E aí estão a nos influenciar desde que o mundo é mundo.

Nossas atividades no plano Terra representam uma pequena etapa desse intercâmbio entre as dimensões física e espiritual, assunto que descrevo mais pormenorizadamente no capítulo "Quanto à abrangência do TBV", exposto nos livros *O Brasil e o Apocalipse* (p. 79) e *Diretrizes Espirituais da Religião de Deus* (volume II, p. 278).

Bem a propósito, recebi, com simpática dedicatória, e estou lendo *Transcomunicação — Comunicações Tecnológicas com o Mundo dos Mortos*, do zeloso professor Clóvis Nunes*[1], diligente pesquisador do tema, conferencista e membro de diversas sociedades de estudos parapsicológicos.

Separei, para transcrição neste livro, o seguinte trecho da obra em que o dedicado Clóvis relata:

"Uma vez, em Belém do Pará, quando participamos de uma entrevista na televisão local, no programa *Sem*

Censura, o entrevistador argüiu o padre (François Brune*2):

"'— François, o senhor, como sacerdote católico, não entra em contradição ao publicar seus livros e realizar conferências sobre comunicações com os Espíritos no Além, uma vez que a Bíblia se diz contra a evocação dos mortos?'

"François, com muita serenidade e segurança, respondeu diante das câmeras de televisão:

"'— Se a Bíblia proibiu é porque essa comunicação com os mortos sempre existiu, sempre foi verdadeira. Não se pode proibir algo que nunca existiu. Entretanto, essa proibição está no Velho Testamento. Naquela época, se evocavam os mortos para finalidades escusas. No Novo Testamento não existe nenhuma referência a essa proibição. Ademais, na vida de todos os santos sempre houve presenças espirituais, aparições de luz que eram Espíritos de outros santos mortos que os assistiam e os iluminavam. O nascimento de Nosso

Senhor Jesus Cristo foi anunciado a Maria por um Espírito. Também todos nós católicos rezamos para os santos, rezamos para Jesus Cristo, para Maria Santíssima e também pedimos ajuda aos santos e eles estão todos mortos, vivos no Além.'

"Por parte da Igreja Católica, o padre Brune nos falou pessoalmente que o interesse nessas pesquisas se intensificou, desde o apoio do Papa Paulo VI em 1969. Apesar de não ter se pronunciado oficialmente, o Vaticano continuou incentivando essas investigações através de seus membros eclesiásticos. Vêm se ocupando, entre eles, o padre Léo Schmid, da Suíça, que chegou a gravar 12.000 vozes de pessoas falecidas, publicando posteriormente o livro *Quando os Mortos Falam*; Karl Pfleger, pároco de Behlenheim, em Alsacia; Pe. Eugenio Ferraroti e Andreas Resch, bem como o padre Gemelli, da Universidade Católica de Milão, Itália, que juntamente com o padre Pellegrino Ernetti, beneditino, registraram as primeiras vozes em fitas magnéticas e em seguida informaram ao Vaticano. François também nos contou que fora convidado a proferir uma conferência no Colégio Geral dos Jesuítas, na Espanha, pelo padre Rosa Maria Pilon. Além dos seminaristas estavam presentes várias autoridades políticas, a nobreza madrilhena e alguns embaixadores do Vaticano em outros países. Antes da conferência para um público de seiscentas pessoas, aproximadamente, o padre Rosa Maria Pilon se dirigiu a ele e disse:

"'— François, você não precisa falar das vozes do Além gravadas através de fitas pelo EVP, porque sobre isso todos aqui do Colégio já sabemos; queremos que você se reporte principalmente às imagens do Além, porque essa parte do fenômeno nós não conhecemos ainda.'

"François tem viajado o mundo e, incansavelmente, tem proferido conferências nos principais congressos internacionais que se realizaram para discutir as questões da sobrevivência. Com sua inconfundível coragem e o carisma que lhe é peculiar, vai semeando esperanças por onde passa. Ele é o que comumente se diz para algumas pessoas espiritualizadas: 'Um homem de Deus'".

Meu caro Clóvis Nunes, o progresso espiritual da Humanidade não pode ser detido. Alziro Zarur costumava repetir: "Só a Verdade ficará de pé. Quem está com a Verdade nada pode temer".

---

*[1] **Clóvis Nunes** — O famoso pesquisador lançou *Transcomunicação — Comunicações Tecnológicas com o Mundo dos Mortos* em 1998, na capital federal. Na ocasião, gentilmente autografou um dos exemplares do título ao escritor de *Reflexões da Alma*, com a seguinte dedicatória: "Para o Irmão Paiva Netto. Com a expressão maior da Admiração. Num afetuoso abraço do autor. Clóvis Nunes. Brasília-DF, 17.11.1998".

*[2] **François Brune** — Nasceu em 18 de agosto de 1931, em Vennon, França. O padre é bacharel em Latim, Grego e Filosofia e licenciado em Teologia, pelo Institut Catholique, e em Escritura Sagrada, pelo Instituto Bíblico de Roma. Trata-se de um dos grandes pesquisadores na área da comunicação dos "mortos", por meio do rádio, da TV e do computador, sendo autor dos livros *Os Mortos nos Falam* (1991) e *Linha Direta do Além* (1994). Realiza estudos de fenômenos paranormais e já integrou pesquisas da Organização Internacional de Experiências de Quase-Morte. Além de ser um conferencista conceituado internacionalmente, escreve para vários jornais e revistas a respeito do assunto, sendo convidado, com freqüência, a participar de entrevistas na mídia.

"Retábulo do Cordeiro: Painel dos Eremitas" (detalhe da paisagem), obra de Jan van Eyck (1390-1441). São Bavão, Gand (Bélgica).

o amor...

O Amor é a mais inteligente expressão da Alma.

...alma

Previdente...

Previdente é
aquele que levanta
a barragem antes
de a inundação
chegar. Paranóico
é o que o faz sem
motivo algum.

A Boa Nova* de Nosso Senhor Jesus Cristo é a mais diligente dialética, sempre realizadora e atual — por mais que passe o tempo —, porquanto fraterna e generosa. Fala ao coração, não somente ao cérebro, sustentando-os na *Paz que o mundo não lhes pode dar* (Evangelho, segundo João, 14:27). Daí a capacidade de curá-los, tendo como ponto de partida a mente. Cuida do corpo humano em seu aspecto integral, proclamando-o como a morada do Espírito enquanto reencarnado.

* **Boa Nova** — Assim também é conhecido o Evangelho, do grego *Euangélion* e do latim *Evangeliu.*

"A Carroça do Mercado", obra de Thomas Gainsborough (1727-1788). Tate Gallery, Londres (Inglaterra).

Não menosprezado o Espírito eterno de cada criatura, o desenvolvimento intelectual é básico à liberdade. Por essa razão, os tiranos não o suportam. Quando não o podem impedir, tentam, a todo custo, subjugá-lo à sua vontade imperiosa ou mesmo esmagá-lo. A Arte é uma de suas mais poderosas expressões. O grande filósofo francês Voltaire chamou a atenção de todos para o fato de que ela justamente existe com o fito de mudar a condição jacente em muitas pessoas e situações: "Sabei que o segredo das artes é corrigir a natureza humana". É por esse motivo que, em geral, os tiranos tentam impor que seja feita à moda deles.

É preciso distinguir a boa da má arte. Mas como?! O próprio Voltaire deixou uma dica: aquela que "é capaz de corrigir a natureza humana". Claro que para melhor, por uma vida que se transforme num canto de paz, como no dizer do escritor espanhol Mateo Alemán* (1547-1614): "Sempre busquei em todos ter paz, por ser filha da humildade; e o humilde que ama a paz, ama e é amado pelo autor dela, que é Deus".

* **Mateo Alemán** — Nascido em Sevilha, este bacharel em artes e filosofia estudou Medicina entre 1564 e 1568, sem, contudo, ter se graduado. Iniciou sua carreira literária traduzindo as *Odas*, de Horácio, e escrevendo um prólogo aos *Proverbios morales*, de Alonso de Barros. Em 1599, publicou a primeira parte de sua obra mais importante, *A Vida del pícaro Guzmán de Alfarache*. Em 1608, foi para o México, onde lançou, no ano seguinte, sua *Ortografía castellana*. As últimas informações sobre Alemán datam de 1614, quando de sua estada na região de Chalco.

A tendência hoje, em alguns lugares e ocasiões, é o cinismo deslavado. Entretanto, o bom observador percebe que, por trás dele, geralmente se escondem os dramas dos que não querem ou não podem revelar quanto sua Alma sofre ante uma realidade do mundo que intimamente a perturba. No fundo, o que sentem é uma acentuada carência de compreensão dos fatos, das situações e de reconhecimento do seu valor pessoal. Por isso, o Amor Fraterno jamais pode ser posto de lado. Todos se ressentem da sua falta, de forma declarada ou oculta...

Quando me refiro a cinismo, não o faço relativamente ao nem sempre compreendido Diógenes (412-323 a.C.), discípulo de Antístene*[1] (444-365 a.C.). Diógenes de Sinope é aquele que, ao ser perguntado pelo todo-poderoso Alexandre Magno*[2] (356-323 a.C.) a respeito do que gostaria que este imperialmente lhe concedesse, respondeu sem titubear: "Saia da frente do meu sol!". Ora, o grande comandante macedônico era o "dono" eventual do mundo no seu tempo... Para Diógenes e seus seguidores, descreve o notável *Dicionário Oxford de Filosofia*, "a vida virtuosa consistia na independência obtida através do domínio dos desejos e necessidades: a felicidade exige que nada se deseje, para que não se sinta a falta de coisa alguma. Para encorajar as pessoas a renunciar aos desejos criados pela civilização e pelas convenções, os cínicos empreenderam uma cruzada de escárnio anti-social, na esperança de mostrar, pelo seu próprio exemplo, a frivolidade das ilusões da vida social".

A *Grande Enciclopédia Larousse Cultural* esclarece: "A virtude, segundo Diógenes, é o soberano bem. A ciência, as honras, as riquezas são falsos bens que é preciso desprezar. Denunciar em toda a parte as convenções sociais e opor-lhes a natureza: tal é o princípio de sua filosofia; é preciso libertar-se do desejo; reduzir ao mínimo as necessidades".

Finalmente, voltando ao *Dicionário Oxford de Filosofia*: "(...) Sua ética é fruto do desdém saudável pelos prazeres e sofrimentos próprios, e sobretudo da impaciência para com as convenções e hierarquias de uma sociedade presumivelmente corrupta: 'Aristóteles*[3] [384-322 a.C.] toma o café da manhã quando o rei quer; Diógenes, quando Diógenes quer'".

Logo, se conclui que o famoso pensador grego nada tem a ver com os oportunistas de sempre. Basta recordar esta assertiva de sua doutrina: "Os piores escravos são aqueles que estão constantemente servindo às próprias paixões".

Por onde andará o incansável polemista heleno? Ainda carrega a famosa lâmpada acesa em pleno dia à procura de um homem de bem, ou, desesperançado, recolheu-se ao seu mítico tonel?

Não faça isso, bom Diógenes! Há muitos seres de grande valor moral no mundo, incluindo cães*[4], que deram nome à sua escola famosa, fundada, segundo alguns, por seu mestre Antístene, antigo discípulo de Sócrates.

Nunca o considerei um louco excêntrico, e, sim, uma expressiva lição à Humanidade, em geral descuidada de suas verdadeiras origens, que são espirituais, e negligente quanto ao seu destino celeste — conhecimento que lhe faria descobrir e exercer um melhor destino na Terra.

Por causa dessa milenar desatenção, advertiu Jesus: *Buscai primeiramente o Reino de Deus e Sua Justiça, e todas as coisas materiais vos serão acrescentadas**[5] (Evangelho, segundo Mateus, 6:33, e Lucas, 12:31).

O comportamento surpreendente de Diógenes marcava, de forma indelével, uma posição política acertada quanto aos desmandos de sua época, mas que bem pode servir aos dias de hoje. Ele foi um bom marqueteiro de suas idéias. De certa maneira, um predecessor esclarecido dos de agora.

Quem primeiro, em minha atual existência, me falou sobre o homem que desprezou a proposta do filho de Filipe da Macedônia*[6], foi o meu saudoso pai, Bruno Simões de Paiva*[7] (1911-2000). Quanto lhe devo pelo muito que me ensinou! Onde estiver, velho Bruno, receba a minha comovida homenagem.

---

*[1] **Antístene** — Considerado o fundador da filosofia cínica. Como todos os seus adeptos, desprezava as idéias gerais e as convenções sociais.

*[2] **Alexandre Magno** — Rei da Macedônia, foi o guerreiro e o estrategista mais famoso da Antiguidade. A partir de 345, o seu pai, Filipe II, confia a sua educação ao filósofo Aristóteles. Aos 26 anos, submeteu ao seu poder grande parte do mundo antigo, a exemplo do que desejava seu pai. Estendeu seu império do mar Egeu ao Índico, do Cáspio ao Nilo. Quando inspecionava a drenagem dos pântanos do rio Eufrates, foi picado por um mosquito infectado. Atormentado por febres intermitentes, morreu aos 33 anos.

*[3] **Aristóteles** — Filho de Nicômaco, médico de Amintas, rei da Macedônia, nasceu em Estagira, colônia grega da Trácia, no litoral setentrional do mar Egeu, em 384 a.C. Teve como mestre Platão, com o qual estudou por vinte anos. Fundou, em Atenas, sua própria escola, chamada Liceu. Foi o responsável por sistematizar e organizar a história da filosofia grega e pode ser considerado o criador da Lógica. Em 343 a.C. foi convidado pelo rei Filipe da Macedônia para sua corte. Tornou-se preceptor do Príncipe Alexandre, então jovem de treze anos. Isolando-se gradativamente da vida social e política, dedicou-se à investigação científica.

*[4] **Cães** — Os cínicos seriam os *hippies* daquela época. É fácil entender que a raiz desse termo, aplicado a Diógenes (o mais famoso deles) e seus companheiros, deriva de *cinos*, que, em grego, significa "cão", pois, com o seu estranho jeito de ser, os cínicos eram, para seus adversários, como cães.

*[5] **Zarur e a Fórmula Urgentíssima** — Alziro Zarur refere-se a essa famosa passagem do Evangelho de Jesus, segundo Mateus. Veja o *Livro de Deus*, de autoria de Paiva Netto, 1982, p. 111, na qual Zarur assim se manifesta: "Somente o estadista que souber Apocalipse saberá prever para prover, governando com acerto, evitando que sua Pátria seja esmagada pelo próximo e último Armagedom (Apocalipse, 16:16). **A Fórmula Perfeita** para resolver os grandes problemas dos chefes de Estado, na ciência do governo dos povos, é a de Jesus: *Buscai primeiramente o Reino de Deus e Sua Justiça, e todas as coisas materiais vos serão acrescentadas* (Evangelho, segundo Mateus, 6:33). Quer dizer: não haverá soluções perfeitas fora das Leis Eternas, que regem a Terra. O contrário é combater efeitos, enquanto as **causas** permanecem".

*[6] **Filipe da Macedônia** — Unificou seu reino e queria fazer o mesmo com os povos gregos. Montou para isso um poderoso exército e partiu para a conquista desses outros territórios, então conseguiu seu intento impondo domínio sobre a Grécia. Foi pai de Alexandre.

*[7] **Bruno Simões de Paiva** — No dia do nascimento de seu primogênito, José de Paiva Netto, na cidade do Rio de Janeiro/RJ, deu início a uma biblioteca para o filho. Hoje, Paiva Netto possui um acervo de quase 70 mil livros (até agora catalogados), além de uma respeitável videoteca.

O organismo
humano é a mais
extraordinária
máquina do mundo.
Mesmo assim, falha.
Contudo, com
Amor até os
remédios passam a
ter melhor resultado.

Nossos Irmãos que padecem com o vírus HIV e os que sofrem de outros males físicos, mentais ou espirituais, precisam, em primeiro lugar, de Amor Fraterno, aliado ao socorro médico devido. Se a pessoa se sentir humanamente amparada, criará uma espécie de resistência interior muito forte, que a auxiliará na recuperação ou na tolerância diante da dor.

* * * * *

Aids: o vírus do preconceito mata mais que a doença.

* * * * *

Aos que sofrem o abandono a que foram relegados por antigos correligionários, por amigos de discussão intelectual e até mesmo pelos seus entes mais queridos, o conforto destas palavras de Dom Paulo Evaristo Arns*, Cardeal-Arcebispo Emérito de São Paulo, na sua tocante obra *Da Esperança à Utopia — Testemunho de uma Vida*: "A graça de Deus não esquece ninguém nem se regula por crachás. Basta lembrar o segundo capítulo do livro Gênesis para sentir como o sopro de Deus infunde vida ao ser humano e lhe dá como companheira a Esperança por toda a vida. (...) Afinal, o mundo é de Deus, e Deus está presente no coração de cada pessoa, por menos que esta O sinta ou O exprima de viva-voz. (...) A utopia é a união de todas as esperanças para a realização do sonho comum. Se realizarmos este sonho, teremos construído uma nova realidade".

---

* **Dom Paulo Evaristo Arns** — Nasceu em Forquilhinha, Criciúma/SC, em 1921. Ingressou na ordem franciscana em 1939. Ordenou-se presbítero em 1945, em Petrópolis/RJ. Freqüentou a Sorbonne, onde se laureou em Patrística e Línguas Clássicas. Foi nomeado Arcebispo de São Paulo em outubro de 1970 e feito Cardeal pelo Papa Paulo VI. Em 1988, Dom Paulo visitou a Sede Mundial da LBV, quando foi recebido por Paiva Netto. Em 1998, recebeu do ParlaMundi, da LBV, a Comenda da Ordem do Mérito da Fraternidade Ecumênica, na categoria Religião.

Longe do Amor Fraterno, ou Respeito, se assim quiserem apelidá-lo, o Ser Humano jamais saberá viver em Sociedade Solidária, porque a sua existência ficará resumida a um terrível "universo", o mesquinho "universo" do egoísmo. Por esse motivo, escreveu o pensador e sociólogo francês Augusto Comte* (1798-1857): "Viver para os outros é não somente a lei do dever, mas também da felicidade". Trata-se de uma lição que os políticos não devem esquecer em circunstância alguma.

* **Augusto Comte** — O filósofo Isidore-Auguste-Marie-François-Xavier Comte deu à ciência da Sociologia seu nome e estabeleceu a nova disciplina em uma forma sistemática. Foi secretário do Conde Henri de Saint-Simon, o primeiro filósofo a ver claramente a importância da organização econômica na sociedade moderna. Suas idéias são desenvolvidas com um estilo todo pessoal por Comte, a ponto de Saint-Simon ser considerado por muitos como o fundador do Positivismo. O *Système de politique positive*, que tinha começado a esboçar em 1844 e no qual completou sua formulação da Sociologia, iria transformar-se em um memorial à sua amada, Clotilde de Vaux, que morrera de tuberculose.

O pensamento bom constrói um povo feliz; o negativo pode destruí-lo. Por isso, é fundamental iluminar a Alma de cada criatura. Anotemos este ensinamento do Corão*: "Assim como o perfume é a expressão da flor, o pensamento é o perfume do espírito". Um cidadão espiritualizado, que sustenta nobres ideais, firme no Bem e na Solidariedade ativa, eleva a sua pátria à culminância como civilização.

* **Corão** — Alcorão, do árabe *al-qurãn*, "o recitativo" ou "o discurso". É a compilação do conjunto das revelações de Deus (Alá) ao Profeta Maomé, na Arábia do século VII. É o Livro Sagrado, que compreende a doutrina religiosa e a codificação da vida civil e social do Islã (do árabe *aslama*, com o significado primitivo de "submissão"), a denominação da fé religiosa dos islamitas ou muçulmanos e da civilização que nasce dessa crença.

Ter medo é o mesmo que dizer a Deus: "Não creio em Ti, Senhor". E isso jamais o faremos.

Uma coisa é a Fraternidade; outra bem diferente é o favoritismo. E este, o Espírito vomita, porque leva à corrupção.

"O Castelo de Médan", obra de Paul Cézanne (1839-1906). Galeria de Arte de Glasgow (Escócia).

Quando administramos, devemos fazê-lo oferecendo o melhor de nós hoje. Contudo, sempre mirando o futuro, a almejar uma comunidade, um país, enfim, um mundo pacificado pelo esforço das pessoas de Boa Vontade. Isso quer dizer: agir de forma eficaz no presente, para que o amanhã seja a glorificação do que ousamos realizar agora.

* * * * *

A guerra, antes de explodir no mundo, cresce no interior das criaturas, razão pela qual Jesus declarou em Seu Evangelho, segundo Lucas, 6:45: *O Homem bom, do bom tesouro do coração tira o bem; e o mau, do mau tesouro tira o mal; porque a boca fala do que está cheio o coração.* Sendo assim, façamos brotar na Terra a Paz que habita as almas serenas. Poético?! Certamente, mas leal, porquanto real. É o dever de quem diz poesia, mesmo quando por meio de prosa. Wilfred Owen* (1893-1918), jovem pensador inglês morto nos dias finais da Primeira Guerra Mundial, escreveu: "Tudo que um poeta pode realizar, hoje, é advertir. É por isso que os verdadeiros devem ser sinceros".

---

* **Wilfred Owen** — Conhecido como "O Poeta da Guerra", nasceu em Oswestry (Reino Unido). Foi educado sob os preceitos da religião anglicana. Muito de sua religiosidade transparece em seus poemas. Alistou-se no exército em 1915 e foi engajado na França em 1917, no pior inverno do período da Primeira Guerra Mundial. Toda a sua poesia "da guerra" baseia-se neste momento de sua vida. Após esta experiência, traumatizado pelos horrores das batalhas, foi hospitalizado em Craiglockhart, perto de Edimburgo, retornando posteriormente ao combate na França. Sete dias antes do encerramento do conflito mundial, em 11 de novembro de 1918, Owen tombou em uma das últimas lutas da guerra.

O Ecumenismo...

O Ecumenismo é a condição natural e o querer espontâneo de toda criatura quando de corpo e Alma integrada ao espírito da Paz. Como concluiu o escritor português Antero de Figueiredo* (1866-1953), "creiam, todos os caminhos, sinceramente honrados, levam ao Pai Celeste". Então, por que brigar por causa de religião? Há um pensamento de Alziro Zarur que continuamente merece ser lembrado: "O maior criminoso do mundo é aquele que prega o ódio em nome de Deus". Exato!

---

* **Nota do autor** — Um fato curioso a respeito do conhecido escritor lusitano Antero de Figueiredo, nascido na universitária cidade de Coimbra, é que, ainda jovem, teve de abandonar os estudos em virtude de sua saúde precária. Certamente, até houve quem pensasse que o Antero (não o de Quental, outro grande da literatura portuguesa) duraria pouco na vida. E não foi o que se deu. Tendo vindo ao mundo em 1866, superou a metade do século XX, pois veio a falecer em 1953, em Foz do Douro. Mais um pouco, chegaria aos 90 anos.

Os desafios da existência nos impulsionam ao sucesso. Mas é necessário também que tenhamos otimismo e generosidade, para não cair nas garras do egoísmo desagregador.

Os desafios...

O coração é o microfone e o alto-falante preferidos das multidões.

* * * * *

Quando existe verdadeiro afeto, até a distância aproxima os corações. Não há separação entre aqueles que fortalecem a sintonia na maior força do Universo: o incomparável Amor de Deus.

O coração...

O coração
torna-se mais
propenso a ouvir
quando o Amor
é o fundamento
do diálogo.

No Terceiro Milênio, que tem... mil anos, um dia todos haverão de compreender que espiritualizar as criaturas, conseqüentemente elevando sua condição moral, é a única forma de alcançar o progresso — que não seja o da destruição — para todo o Planeta. Esse desenvolvimento que tem por deus a ganância, de início, atinge os pequeninos, dos quais nos falava Jesus: *Deixai-os vir a mim, porque deles é o Reino dos Céus* (Evangelho, segundo Mateus, 19:14)*. Ao lado dos idosos, os que vivem a infância são os primeiros a ser prejudicados pelas enfermidades provocadas pela adulteração do meio ambiente, não apenas nos países em desenvolvimento. Já dizia o genial cientista judeu-alemão Albert Einstein: "A palavra progresso não fará sentido enquanto houver crianças infelizes". E quantas estão por aí, meu caro Albert, a começar pelas que vivem nos grandes centros urbanos, respirando com dificuldade?... Será que os governos realmente andam governando para os seus povos?

---

* **Jesus abençoa as crianças** — (Evangelho, segundo Mateus, 19:13 a 15):
13 Trouxeram-lhe então algumas crianças, para que lhes impusesse as mãos, e orasse; mas os discípulos os repreendiam.
14 Jesus, porém, disse: Deixai vir a mim os pequeninos, não os impeçais, porque deles é o Reino dos Céus.
15 E, tendo-lhes imposto as mãos, retirou-se dali.

* * * * *

Que é "progresso de destruição"*[1]? É o que, por exemplo, promove a poluição assassina, o aumento do efeito estufa e a ferida na camada de ozônio, cuja tarefa é defender a vida na Terra, incluída a dos próprios promotores de tantos males... "Impulsionados" pela ambição de ganhar a qualquer preço, não percebem que põem em perigo a si mesmos, à pátria e à família. Não foi sem motivo que Jesus proferiu um famoso discurso que ficou conhecido como "O Sermão Profético*[2]", do qual se destaca "A Grande Tribulação". A respeito desse tema, Ele diz que, *se Deus não abreviasse aqueles dias, nem os escolhidos* (aqueles que assim se tornam por suas próprias obras) *se salvariam*. E mais: o Cristo advertiu que *igual* (tribulação) *nunca houve, desde a criação da Terra, nem jamais se repetirá*... E isso é lá brincadeira, meninos?!

* * * * *

*[1] **"Progresso de destruição"** — Título de artigo publicado por Paiva Netto na *Folha de S.Paulo*, em 29 de junho de 1986.

*[2] Evangelho do Cristo, segundo Mateus, capítulos 24 e 25; consoante Marcos, 13; de acordo com Lucas, 21.

Detalhe da pintura "Planície de La Crau", obra de Vincent van Gogh (1853-1890).

O velho Anatole France*[1] (1844-1924) foi um crítico implacável dos costumes e da sociedade do seu tempo. Combatia com tenacidade os desmandos de que era testemunha, como a farsa contra o capitão francês Alfred Dreyfus*[2] (1859-1935), de quem, a exemplo de Rui Barbosa*[3] (1849-1923), Émile Zola*[4] (1840-1902) foi um defensor. Estomagado com a **frieza de sentimentos** que percebia à sua volta, partindo de corações nos quais deveria habitar a concórdia, escreveu que "a paz universal se realizará um dia, não porque os homens se tornarão melhores (não é permitido esperá-lo), mas porque uma nova ordem de coisas, uma ciência nova, novas necessidades econômicas hão de impor-lhes o estado pacífico, assim como outrora as próprias condições da sua existência os punham e os mantinham no estado de guerra".

Meu caro Jacques-Anatole-François Thibault (seu verdadeiro nome), com a sua consistente formação humanista — afastados, por sua conhecida veia poética, os desgostos que lhe causaram as observações de uma sociedade a gravitar em torno de uma exasperante egolatria —, seu brilhante Espírito imortal haverá de entender que, para não se transformar em tormento perene dos povos, o mundo precisa de consciências dedicadas à Paz. Portanto, de Almas iluminadas pela Razão, pela Justiça, mas também pelo Amor, de modo que exista uma "nova ordem de coisas, numa ciência nova", para que "a Paz universal" venha a se realizar "um dia". A análise limitada dos fatos humanos, políticos e sociais pela antiga (e ainda influente) visão de Espaço-Tempo terrenos mostra, mesmo às mais sagazes cerebrações, uma perspectiva sociológica desfocada, conseqüentemente desalentadora, dos fatos. Há algo mais, porém, a começar pela existência de uma Lei Universal, chamada de Causa e Efeito, que dirige os destinos da Terra. Por isso, faz-se tão importante a compreensão desses Estatutos Divinos, os quais, respeitando o nosso direito ao livre-arbítrio, concedem a cada um de acordo com o próprio merecimento, segundo a Lei da Reencarnação — definida por um respeitado sacerdote como "o Judiciário de Deus". Sem a evolução do sentimento humano, toda e qualquer proposta de Paz fomentará, com certeza, o ceticismo de homens inteligentes como Você.

Como se expressou William Ralph Inge*[5] (1860-1954): "Não adianta os cordeiros proclamarem o vegetarianismo enquanto o lobo mantém opinião diferente". No entanto, não podemos prosseguir continuamente temendo essa expectativa castradora de nossas iniciativas, porque o tempo urge. Ainda existe muita gente a querer tocar fogo no Planeta*[6], tal qual um novo Nero (37-68). Para avançar, é preciso não temer o lobo, mas revestir-se das armas da paciência e da determinação e fortalecer, nas horas de perigo, a Alma, com, por exemplo, esta súplica de Santo Agostinho*[7] (354-430): "Ó Deus! Permiti que o resplendor da Sua Luminosidade clareie os recônditos do meu coração" (...). Orar concede tranqüilidade e força ao Espírito. Dessa forma, aclara a mente, de modo que conceba processos pragmáticos para que suplante toda dificuldade. Anote, por favor, caro Anatole, esta lição do seu compatriota Honoré de Balzac*[8] (1799-1850), autor de *A Comédia Humana*: "Todo poder é um composto de paciência e tempo". A Paz só vigorará neste Planeta quando o Ser Humano finalmente entender e aceitar que ela apenas poderá surgir do coração sublimado das criaturas. O restante é o que se tem visto: o fracasso das ideologias fortemente cerebrais, tão em voga no seu tempo. A conseqüência geral delas, Você a conhece: muita expectativa e resultado a desejar...

A enérgica mensagem para todos os que querem alcançar uma existência coletiva melhor encontra-se, de forma desafiadora, no Evangelho-Apocalipse de Jesus. Refutá-la como impossível sem nunca a ter estudado livre de idéias preconceituosas não é digno de eminentes pensadores. Seguir Jesus exige mais do que um intelecto desenvolvido: demanda um coração sensível, todavia libertário, a tal ponto corajoso que possa proclamar que, além das certezas incertas do mundo, paira uma Autoridade mais sólida que a das armas, porque fala suavemente às Almas e por elas se faz entendida. Napoleão Bonaparte*[9], enquanto ia compreendendo a transitoriedade do poder político e a miséria da fortuna humana, eternizou, em um pensamento, essa verdade: "Alexandre, César, Carlos Magno e eu*[10] próprio criamos impérios. Entretanto, de que dependiam essas realizações de nosso gênio? Da força. Eis a razão de sua tão efêmera existência. Apenas Jesus Cristo ergueu um império sobre o Amor. E é por isso que, até hoje, milhões morreriam por Ele".

O grande desafio enfrentado pela maioria dos intelectuais céticos é que, no fundo, eles têm alma sensível ao sofrimento das massas. Desejam a melhoria das suas condições de existência. Anseiam que a Humanidade progrida. Mas não vêem isso suceder a contento. Deveriam lembrar-se de Leibnitz*[11]: *Natura non facit saltum* (A Natureza não dá saltos). O lamentável é que muitos, ao término de sua jornada humana, se declaram desalentados. Tal coisa jamais deveria ocorrer, porque muito grande seria o prejuízo dos povos no dia em que suas vozes se calassem. Certamente, porém, quando da volta de cada um à Pátria da Verdade, ou seja, ao

Outro Mundo, seus olhos, surpresos, descortinarão — ao descobrir que a Vida prossegue após o túmulo — conforto e explicações que, afeitos às fronteiras da carne, não puderam (ou não quiseram) sequer imaginar. Entretanto, se tivessem aberto suas mentes faiscantes aos apelos dos seus Anjos Guardiães, teriam conduzido a sociedade por caminhos acertados, porque o Ser Humano, antes de ser corpo físico, é Espírito eterno. Sem esse conhecimento, todo intelecto se resume à escola primária da existência.

---

*[1] **Anatole France** — Nascido em Paris, França, é considerado um dos maiores escritores da história universal. Foi eleito, em 1896, membro da Academia Francesa. Suas obras são marcadas por um sutil humorismo, uma refinada ironia, com um estilo clássico e fácil de escrever. Anatole esteve envolvido no famoso caso Dreyfus, encontrando, nesta passagem, material para sua *História Contemporânea*, um de seus grandes sucessos. Criou também o conhecido M. Bergeret, personagem central de diversos livros seus. Em 1921, recebeu o Prêmio Nobel de Literatura.

*[2] **Alfred Dreyfus** — De origem judaica, o militar francês ficou mais conhecido como vítima de um dos maiores erros judiciais da história moderna de seu país. Ele foi, de maneira pérfida, acusado de passar informações secretas aos germânicos por meio de documentos descobertos na Alemanha, os quais tinham a caligrafia forçadamente semelhante à sua. Por esse motivo, foi exilado na Ilha do Diabo, situada na costa da Guiana Francesa. Os debates na sociedade a respeito do caso Dreyfus arrastaram-se até o capitão ser totalmente inocentado, em 1906. Logo após, retornou ao exército, participando da Primeira Guerra Mundial, que se iniciou em 1914 e durou quatro anos. Foi promovido, em 1918, a tenente-coronel da reserva e, um ano depois, eleito oficial da Legião de Honra.

*[3] **Rui Barbosa** — Nasceu em Salvador/BA, Brasil. Representava o País no que ele tem de mais elevado. Político, jornalista, jurisconsulto, estadista, abolicionista e escritor de raro talento. Foi membro-fundador da Academia Brasileira de Letras. Principal redator do projeto da Carta Constitucional da República. Destacou-se na vida pública, tendo concorrido à presidência do País por mais de uma vez, realizando a famosa campanha civilista. É célebre também a sua participação no movimento revolucionário de 1893, no qual se rebelou contra o Marechal Floriano Peixoto (1839-1895), pelo fato de este limitar as liberdades do cidadão. Em setembro deste mesmo ano, eclodiu a Revolta da Armada. Rui foi considerado pelas autoridades mentor intelectual do levante. Visando a não ser preso, viajou para Buenos Aires, Argentina, no dia 13 daquele mês. Quando já se encontrava em Londres, durante o exílio, o jurista brasileiro foi a primeira voz a se levantar em favor do capitão francês de origem judaica Alfred Dreyfus, acusado injustamente de traição, numa maré montante do anti-semitismo que atingia, à época, o continente europeu. Em artigo publicado em 1895 no *Jornal do Commercio* (Rio), alertou para o fato de que aquele caso seria um dos maiores erros judiciários de todos os tempos. Coube a Rui outra relevante tarefa: a de representar o Brasil na histórica conferência ocorrida na Holanda em 12 de julho de 1907, na qual ganhou o título de "Águia de Haia", cidade onde ocorreu o famoso encontro, por deslumbrar o mundo com suas idéias. Embora tenha sido recebido com frieza, por ser representante de um afastado país sul-americano, ao proferir seu discurso sacudiu os presentes, quando, inflamado, falou de política e soberania, apesar da influência militar e econômica das nações poderosas. E, assim, ganhou o respeito e a admiração dos congressistas.

*[4] **Émile Zola** — Escritor francês, é tido como o fundador da corrente naturalista na literatura, sendo também um dos mais famosos romancistas de seu país. Entre as obras produzidas, destaca-se *Germinal.* Zola causou polêmica ao defender o oficial francês Alfred Dreyfus, condenado por traição. Com a carta aberta *J'Accuse* (Eu acuso), estampada na primeira página do recém-lançado jornal *L'Aurore*, cujo redator-chefe era nada mais, nada menos, que Georges Clemanceau, futuro primeiro-ministro da França, no tempo da Primcira Guerra

Mundial, denunciou irregularidades no processo e a falsificação grosseira de documentos. Por tamanho destemor, foi perseguido e condenado, tendo de fugir para a Inglaterra, de onde só retornou a Paris em 1900. Morreu acidentalmente em sua casa, asfixiado pelo gás que escapara de seu sistema de calefação doméstica.

*5 **William Ralph Inge** — Professor, clérigo e escritor britânico, mestre em Eton, membro em Oxford, professor em Cambridge, autor de *Truth and Falsehood in Religion* (Verdade e Falsidade na Religião) (1906) e muitas outras obras.

*6 **Nota do autor** — Nero, uma figura que dispensa apresentações, foi acusado de ter provocado o incêndio na capital do famoso império, no ano de 64, a pretexto do qual moveu intensa perseguição aos cristãos, por responsabilizá-los pelo ocorrido. Sêneca (4 a.C.-65 d.C.), que morreu, por ter discordado do nefando césar, deplorou o criminoso incêndio de Roma com estas palavras: "Construir uma cidade leva uma geração. Para destruí-la, basta uma hora". O nome verdadeiro de Sêneca era Lucius Annaeus Seneca. Nasceu em Córdoba, Espanha, por volta do ano 4 (a.C.). Tornou-se preceptor de Nero. Quando este foi nomeado imperador, converteu-se em seu principal conselheiro e tentou orientá-lo para uma política justa e humanitária. Durante algum tempo, exerceu influência benéfica sobre o césar, mas, aos poucos, sua presença não foi mais suficiente para conter o cruel soberano. Entre os últimos textos de Sêneca estão as *Epistolae morales*, dirigidas a Lucilius, em que reúne conselhos estóicos e elementos epicuristas na pregação de uma fraternidade universal, mais tarde considerada próxima ao Cristianismo. Acusado de participar na conjuração de Pisão, em 65, Sêneca recebeu de Nero a ordem de suicidar-se, que executou em Roma, no mesmo ano.

*7 **Santo Agostinho** — Um dos mais conhecidos Santos da Igreja Católica. Em 395 foi sagrado bispo no pequeno porto de Hipona, onde desenvolveu intensa atividade teológica e pastoral, dando máxima expressão a seus dotes extraordinários no plano da especulação, da exegese e da compreensão psicológica da alma humana. Morreu em Hipona, a 28 de agosto de 430. Santo Agostinho escreveu mais de 400 sermões, 270 cartas que se assemelham a tratados doutrinários e 150 livros, mas pouco de sua obra foi traduzida para o Português.

*[8] **Honoré de Balzac** — Nasceu em Tours, na França, em 20 de maio de 1799. Aos 20 anos já escrevia e freqüentava a alta sociedade de Paris e alguns anos depois se fez editor. Quase falido, intensificou a criação de folhetins, novelas e romances. Seu primeiro sucesso *O Último Choan* foi impresso em 1829. Depois disso, suas obras sucederam-se em velocidade espantosa. A partir de 1842, iniciou o trabalho de unificação do total de sua produção, sob o título geral de *A Comédia Humana*, que só foi publicada integralmente após sua morte.

*[9] **Napoleão Bonaparte** — Nasceu em Ajaccio, Córsega, em 15 de agosto de 1769. Ao eclodir a Revolução Francesa em 1789, uniu-se aos jacobinos e serviu como tenente da recém-criada guarda nacional. Destacou-se como capitão-de-artilharia na retomada de Toulon, sendo nomeado general-de-brigada. Derrotou os piemonteses e austríacos, conseguindo para os franceses a lucrativa paz de Campoformio. Em sua chegada a Paris, o Corso, como também era conhecido, foi entusiasticamente recebido pela multidão. Entre outras vitoriosas campanhas militares, encontra-se a do Egito. Napoleão, com o Golpe de Estado de 9 de novembro de 1799, dissolveu o Diretório e, com apoio dos moderados, assumiu o governo. Em 1813, enfrentou a coalizão das potências européias, sendo derrotado em Leipzig. Seguindo-se à queda de Paris, em 30 de março de 1814, Napoleão renunciou à coroa, em 6 de abril, em Fontainebleau, indo para o exílio, na ilha de Elba. Em março de 1815, aproveitando-se da impopularidade de Luís XVIII, o novo rei, Napoleão evadiu-se da ilha e, em marcha triunfal, entrou em Paris, ocupando durante cem dias o trono. Porém, em junho de 1815 foi derrotado em Waterloo. Deposto, foi expatriado para a ilha de Santa Helena, onde morreu em 5 de maio de 1821. Era dono de notável talento literário, escrevendo, além das memórias, publicadas dois anos após a sua morte, várias outras obras.

*[10] **Alexandre, César e Carlos Magno e eu** — Todos formaram e/ou expandiram grandes impérios. Alexandre, o Império Macedônico; César, o Romano; Carlos Magno ficou conhecido como Rei dos Francos e Imperador do Ocidente, motivo pelo qual Napoleão refere-se a eles, incluindo-se.

*[11] **Leibnitz** — Filósofo e matemático alemão, sagrou-se como o último dos grandes racionalistas do século XVII.

"Paisagem", obra de Paolo Veronese (1528-1588). Villa Bárbaro, Maser.

A Paz desarmada nunca resultará apenas dos tratados políticos, mas também de uma profunda sublimação do espírito religioso. Como grandes feitos muitas vezes têm suas raízes em iniciativas simples, mas práticas e verdadeiras, de gente que, com toda a coragem, partiu da teoria para a ação, com a força da autoridade de seus atos universalmente reconhecidos, valhamo-nos deste ensinamento de Abraão Lincoln* (1809-1865): "Quando pratico o

Bem, sinto-me bem; quando pratico o mal, sinto-me mal. Eis a minha religião". Ora, ninguém nunca poderá chamar o velho Abe de incréu...

---

* **Abraão Lincoln** — Lembrado como o abolicionista da escravatura negra em seu país, Lincoln é considerado um dos baluartes da moderna democracia e uma das maiores figuras da história norte-americana. Em 1860, disputou as eleições para a presidência da República, tornando-se o 16º Presidente dos Estados Unidos da América. Ao iniciar seu governo, em 1861, enfrentou a separação de sete Estados escravistas do sul, que formaram os Estados Confederados da América. O velho Abe, entretanto, não reconheceu essa separação, ratificou a soberania nacional sobre as unidades rebeldes e, exortando-as à conciliação, garantiu-lhes que jamais partiria dele uma ofensiva armada. Porém, os separatistas tomaram o forte Sumter, na Virgínia Ocidental, levando o país à famosa Guerra da Secessão. Os confederados renderam-se em 9 de abril de 1865, em Appomattox. Na noite de 14 de abril de 1865, uma Sexta-Feira Santa, o ator John Wilkes Booth (1839-1865), defensor da escravatura negra e com forte ligação com os confederados, membro de uma famosa família de atores, assassinou Lincoln, no Teatro Ford, em Washington.

Firmados na Lei Universal da Reencarnação, os antigos propunham, no *Livro dos Mortos*, que o idoso está perto de voltar a ser criança...

Alziro Zarur, escritor e poeta, costumava dissertar sobre o assunto. No *Livro de Deus**[1], publiquei estas suas palavras: "(...) na Proclamação do Novo Mandamento de Jesus, está declarado que: há tantas religiões ou igrejas quantos são os graus evolutivos das criaturas humanas, determinados pelas suas reencarnações. Claro que a Lei da Reencarnação é tão antiga quanto as criaturas de Deus. Doutrinas anteriores ao Espiritismo são reencarnacionistas, como observou Papus, pseudônimo de Gérard Encausse*[2] (1865-1926), médico muito conhecido em seu tempo, doutor em Cabala, clínico-chefe do Laboratório do Hospital Charité, de Paris, diretor da revista *L'Initiation*, membro da Ordem Martinista, da Ordem Cabalista Rosa-Cruz, etc. Escreveu ele: '... Com efeito, a Reencarnação foi ensinada como um mistério em todas as iniciações da Antiguidade'. Eis uma passagem dos ensinos egípcios, 3.000 anos antes da vinda de Jesus, sobre a Reencarnação: 'antes de nascer, a criança viveu; a morte nada termina. A vida é uma volta; ela passa semelhante ao dia solar que recomeça' (Fontane, Egyptes, 424)".

---

*[1] **Livro de Deus** — Foi lançado por Paiva Netto em praça pública, na presença de uma entusiástica multidão, na cidade de Curitiba, Estado do Paraná, Brasil, em 21 de outubro de 1982, terceiro aniversário do retorno de Alziro Zarur à Pátria Espiritual.

*[2] **Gérard Encausse** — Médico que se tornou famoso no meio do ocultismo sob o pseudônimo de Papus. Escreveu mais de 160 títulos, entre livros e artigos, abordando assuntos relacionados à medicina e ao ocultismo. Suas principais obras são *Tratado Elementar de Ciências Ocultas, Tratado Metódico de Ciência Oculta, Cabala* e *Tratado Elementar de Magia Prática.*

Ser idealista...

Ser idealista, sim. Mas, por favor, com talento e bastante competência.

Egoísmo e arrogância: duas chagas no relacionamento social. É urgente que o mundo se livre delas, antes que tenha de fazer severa *penitência no pó e na cinza*, como Jó* (42:6), no Antigo Testamento da Bíblia Sagrada.

---

* O autor refere-se, nesta passagem, ao arrependimento de Jó, conseqüente da blasfêmia proferida por ele quando questionava a Justiça de Deus para com os perversos. Encontramos o seguinte trecho no Antigo Testamento da Bíblia Sagrada, livro de Jó, 24:1: *Por que o Todo-Poderoso não designa tempos de julgamento? E por que os que o conhecem não vêem tais dias?* E ainda este, em 24:25: *Se não é assim, quem desmentirá e anulará as minhas razões?*

Como resposta ao seu apelo, falou o Senhor, no mesmo livro, 38:2: *Quem é este que escurece os meus desígnios com palavras sem conhecimento?*

Depois disso, reconhecendo o erro (42:3), afirmou Jó: *Na verdade falei do que não entendia, coisas maravilhosas demais para mim, coisas que eu não conhecia.*

Por isso, Paiva Netto relembra, no seu texto, as palavras do profeta: *me arrependo no pó e na cinza* (42:6). Ou seja, é na dor, no abandono do pecado e na tomada de consciência da fragilidade humana que a pessoa é capaz de avaliar seu destino e pode dar um novo rumo à sua vida, aqui e no Plano Espiritual.

"Maçãs e laranjas", obra de Paul Cézanne. Museu do Louvre, Paris (França).

Um dia desses me contaram que o renomado político norte-americano Bill Clinton*[1] teria dito que "ser presidente é como administrar um cemitério, com uma porção de gente debaixo de você, mas sem que ninguém o escute". Bela frase de efeito, politicamente justificada. Só que, na chamada "casa dos defuntos", há de tudo, menos mortos. Todos continuam vivos. Apesar de a maioria deles, na forma de Espírito, não permanecer mais lá, existem muito mais ouvidos atentos ao que se diz e se faz do que na esfera considerada dos vivos. Zarur ensinava: "Não há morte em nenhum ponto do Universo". O grande erro da Humanidade é insistir que o sepulcro constitua o termo da existência. Victor Hugo*[2] (1802-1885), dramaturgo e poeta, pensador de fina sensibilidade, escreveu: "Os mortos são invisíveis, mas não ausentes". No dia que todos compreenderem isso, tanta coisa vai mudar para melhor neste mundo*[3]...

---

*[1] **Bill Clinton** — Nasceu em Hope, Arkansas, em 19 de agosto de 1946. Seu nome completo é William Jefferson Clinton. Foi eleito Presidente dos Estados Unidos da América, em 1992, e reeleito, em 1996.

*[2] **Victor Hugo** — Poeta, romancista, teatrólogo e político francês. Escreveu uma obra grandiosa e variada, sendo o porta-voz, na poesia, do Romantismo na França. Quando a Revolução de 1848 é deflagrada, Victor entusiasma-se com os ideais revolucionários das camadas mais pobres. Eleito deputado, transforma-se em um dos mais eloqüentes opositores de Luís Napoleão. Quando Napoleão, o Pequeno, se torna imperador, é obrigado a exilar-se. Nessa época, escreve *A Legenda dos Séculos* (1859-1883) e o romance *Os Miseráveis* (1862).

*[3] Jesus, o Cristo, no Evangelho, segundo Marcos, 12:27, adverte que *Deus é Deus de vivos, não de mortos. Por não acreditardes nisto, errais muito.*

Enquanto a disciplina do casamento fundamentalmente depender de freios jurídicos, a Humanidade não conseguirá ser feliz. Entendemos a necessidade da lei para a segurança das famílias. Contudo, o Amor é essencial.

O filósofo grego Demócrito* (aprox. 460-370 a.C.) deixou anotado que "o princípio de todas as coisas são os átomos (...) A Alma compõe-se de átomos e não é distinta da mente". Ora, o Espírito não é resultado, mas Causa. ***Deus é Espírito*** eterno, pregou o Cristo (Evangelho, segundo João, 4:24). Por ser perene, trata-se, pois, do procurado Moto-Contínuo do Universo, a origem de tudo e sua sustentação. O Ser Humano abriga potencialmente em si, como criatura, as capacidades do Criador. Todavia, empregá-las no melhor proveito apenas se torna possível quando o Amor Fraternal é o critério. João Evangelista ensinou, conforme aprendera com Jesus, que *Deus é Amor* (Primeira Epístola de João, 4:8). E Zarur completava: "E nada existe fora desse Amor".

---

* **Demócrito** — Filósofo, físico e matemático, nasceu em Abdera (Grécia). Não foi o primeiro a propor uma teoria atômica, mas sua visão do mundo físico é mais elaborada e sistemática do que a de seus predecessores. Hoje, sabe-se que ele estava correto em grande parte de sua teoria, apenas falhou ao afirmar que os átomos são indivisíveis. Como filósofo deixou também um legado sobre ética, política e educação, sendo considerado um dos maiores escritores da Antiguidade.

Moto-Contínuo é o mesmo que Moto-Perpétuo. Imaginemos, valendo-nos da explicação tradicional, um aparelho que funcionasse para todo o sempre sem consumo de energia, apenas movido por um sistema que continuamente transformasse energia em trabalho. Pelo atual patamar da Ciência, tamanho feito é impossível de ser realizado, pois se opõe aos dois primeiros princípios da Termodinâmica: "Primeiro princípio — Existe uma função V (a energia interna cuja variação durante uma transformação depende unicamente do estado inicial e do estado final). (...) Segundo princípio (de Carnot*[1]) — Exprime a irreversibilidade dos processos macroscópicos espontâneos. Existem inúmeros enunciados desse princípio, todos equivalentes (...)".

Essa restrição compreende-se em virtude do estágio contemporâneo do conhecimento científico, que, por sinal, se vai libertando dos grilhões materiais. Assim, de certa forma, aproximando-se da *Causa causarum*, ou Causa das causas: Deus, que é Espírito. "Desmaterializada a Física", os fundamentos científicos da Termodinâmica haverão de perder suas bases tradicionais, finalmente possibilitando a descoberta da fórmula do Moto-Perpétuo, sustentada nas novas concepções de uma ciência que transcende a matéria. O Espírito é a origem de tudo. Não se trata de uma reação química do corpo humano. Por ser eterno, infinita é a sua energia, a qual se transforma em trabalho, sem que se desgaste. O Espírito é o Moto-Perpétuo. Deus é Espírito. Portanto, Deus é o Moto-Contínuo.

Pelo prisma espiritual, o Moto-Perpétuo não é impossível de ser concebido, o que se dará a partir da compreensão científica do Mandamento Novo de Jesus, ou seja, o **Amor elevado à potência infinita** (Evangelho, segundo João, 13:34 e 35; 15:12, 13 e 17). Essa Lei revelada pelo Cristo significa, pois, "a essência de Deus", na conclusão de Alziro Zarur. O Universo (e o que poderá tê-lo antecedido) é impulsionado por qual energia? Pelo Moto-Perpétuo, ou seja, o Espírito Divino, que a Ciência, na época apropriada, desvendará e da qual possivelmente fará o resumo na forma de uma extraordinária equação. Max Planck*[2] (1858-1947), com a Ciência Quântica, e Albert Einstein, com a Teoria da Relatividade, deram, no mundo moderno, a partida para o grande feito, que a filosofia dos gregos tangenciou e a mística (bramânica e budista) há muito vem apontando. Um dos maiores óbices a serem vencidos pelos homens na grande trajetória para a compreensão de Deus, sob o ponto de vista da Ciência, é deliberar a respeito de que estão pesquisando: sobre Que ou Quem? Ou sobre o Deus Quem e/ou Quê? Indagações que desafiam pensadores do gabarito do filósofo brasileiro Huberto Rohden*[3] (1893-1981).

*[1] **Carnot** — Seu nome completo era Nicolas Léonard Sadi Carnot. Filho de Lazare Carnot (figura de importância na política francesa dos séculos XVIII e XIX), nasceu em Paris, França, em 1796. Considerado um dos pais da moderna Termodinâmica, fez a primeira abordagem racional dessa ciência em seu livro *Reflexões sobre a potência motora do fogo e as máquinas próprias para desenvolver essa potência*, no qual estão condensados os princípios do famoso ciclo de Carnot. Morreu em sua cidade natal em 1832.

*[2] **Max Planck** — Prêmio Nobel de Física em 1918, este físico teórico alemão enunciou a hipótese que explicava matematicamente a curva do espectro do corpo negro. Para tanto, precisou postular que as trocas de energia ocorrem de modo descontínuo, em "pacotes" indivisíveis. Planck chamou esses pacotes de "quanta" de luz. Hoje, eles são conhecidos como "fótons", as "partículas" da luz. Com essa novidade, ele fundava a Teoria Quântica. Esta tese daria seus primeiros resultados concretos anos depois, permitindo a Einstein explicar o fenômeno fotoelétrico. A resistência ao nazismo custou-lhe o afastamento da presidência da Sociedade Científica que hoje leva o seu nome e, em 1944, a perda de seu filho, Erwin, executado após sofrer a acusação de ter participado de uma conspiração contra a vida de Hitler.

*[3] **Huberto Rohden** — Cientista, escritor e filósofo brasileiro, nascido em Tubarão/SC, em 1893. Formou-se em Ciências, Teologia e Filosofia em universidades da Europa. Em 1946, foi convidado pela American University de Washington para reger as cadeiras de Filosofia Universal e de Religiões Comparadas. Viajou o mundo em busca de novas experiências e de novos estudos. Trouxe para o Brasil uma filosofia que tem como base do pensamento e da vida humana a constituição do próprio Universo. Morreu em São Paulo/SP, Brasil, em 1981, deixando mais de 100 obras publicadas.

"Barcos à Vela em Argenteuil", obra de Pierre Auguste Renoir (1841-1919). Acervo do Museu de Arte de Portland (EUA).

Para vivermos o Bem na Terra, devemos conhecer os Estatutos do Céu, as Leis Divinas, que, pela força do Amor e da Justiça, conduzem o Universo. A descoberta dessas Leis já está sendo realizada pela Ciência, que, passo a passo, vai se desfazendo dos traumas de antigos preconceitos acadêmicos, os quais nunca deveriam existir em seu iluminado meio.

Chama-nos a atenção um comentário didático do Dr. Moacir Costa de Araújo Lima, notável orador espiritualista, licenciado e bacharel em Física, bacharel em Direito, professor universitário e conferencista, em seu livro *A Nova Física e o Espírito*, na página 49, que vem ao encontro da nossa maneira de ver tão importante assunto:

"(...) Mas nós dizíamos que pouco a pouco a matéria foi perdendo sua substancialidade, foi cedendo lugar para a energia. A grande realidade cósmica é a energia, e a matéria é dela um caso particular. E novas formas de energia vão sendo descobertas sucessivamente. E, quanto à mais citada teoria física do momento, ou seja, a Teoria Quântica? É interessante que se saiba que a Teoria Quântica é dos idos de 1900, é do início do século XX e só agora faz um sucesso extraordinário. Parece que o homem amadureceu para a sua interpretação".

Logo na introdução do seu livro, nas páginas 7 e 8, explana o ilustre pesquisador:

"(...) Veremos, nos modelos quânticos, a progressiva **desmaterialização da física**, quando nos deteremos **numa revolução científica, menos divulgada porém fundamental**, que antecipou conceitos como o do dualismo e da relatividade. Depois chegaremos à revolução trazida por um pensador que buscou métodos racionais, absolutamente científicos, para analisar o que para muitos é ainda um tabu: a realidade espiritual do homem. Referimo-nos ao que chamaremos a revolução de Allan Kardec. Ao final, examinaremos as conseqüências dessa nova visão do homem e do universo para nosso aperfeiçoamento e felicidade" (os negritos são nossos).

Enfim, estamos, pouco a pouco, assistindo à espiritualização da Ciência, anunciada também por Hernani Guimarães Andrade, Padre François Brune, Francisco Cândido Xavier, Emmanuel, André Luiz e Alziro Zarur, por exemplo.

Escreveu Zarur: "Religião, Filosofia, Ciência e Política são quatro aspectos da mesma Verdade, que é Deus".

...nós, Seres Humanos

Que nós, Seres
Humanos e Espirituais,
saibamos mitigar a dor
dos que padecem e
regozijar-nos no júbilo
dos que se alegram. Ou
seremos tudo, menos
Humanidade, na Terra ou
no Céu da Terra.

Fazer prece

Quando se ora,
a Alma respira,
fertilizando a
existência humana.
Fazer prece é essencial
para desanuviar o
horizonte do
coração.

Na verdade, o Ser Humano corre, corre, corre, até que, fatigado, pára, pensa e descobre que o paraíso, que instintivamente procura, se encontra pertinho, dentro de si mesmo. Disse o Cristo: *O Reino de Deus está dentro de vós* (Evangelho, segundo Lucas, 17:21). Ouçamos, então, o Divino Mestre*1 — porquanto Ele é o mais competente Educador do Planeta — e nos daremos perfeitamente bem, no plano terrestre ou no Mundo Espiritual*2 (ainda) Invisível.

---

*1 **Divino Mestre** — É como Francisco de Assis, Patrono da Legião da Boa Vontade (LBV), respeitosamente chamava Jesus.

*2 **Nota do autor — Os mortos não morrem. Portanto, a Vida Espiritual não é uma abstração.** No segundo volume da coleção *Diretrizes Espirituais da Religião de Deus*, 2ª ed., p. 283, anotei o seguinte: "Quais as conseqüências, por exemplo, de um parlamentar **realmente** compreender que há vida após a morte do corpo físico? E, ainda mais, reconhecer que existem, na Dimensão Espiritual, políticos capacitados a inspirar-lhe grandes decisões, sem lhe tolher o livre-arbítrio, pois o relacionamento será consciente. E, da mesma forma, para os religiosos, os filósofos, os cientistas, os esportistas, etc...". Há vida inteligente cá e lá. E, como cá, lá habitam Espíritos em várias condições evolutivas. Nem todos são de Luz. A presença dos Espíritos elevados, auxiliando-nos como Anjos da Guarda, dependerá de nossos bons pensamentos e de nossa forma correta de agir. Por isso, é imprescindível, para não cair em tentação, *orar e vigiar* sempre, como ensinou Jesus (Evangelho, segundo Marcos, 14:38).

Nada mais operacional do que fraternalmente chegarmos ao coração das criaturas. O restante é burocracia, boa ou não.

À medida que envelhecemos, mais depressa o futuro se aproxima de nós. O amadurecimento nos rejuvenesce quando mantemos a Alma iluminada pelo bom ideal vivo.

Jesus veio à Terra realizar a maior revolução jamais vista, pois se concretiza na Alma. Nesta se encontra a geratriz da riqueza ou da miséria, da libertação ou da escravatura do Ser. Por isso são tão necessários, sob Sua Divina Claridade, Educação e Cultura, Alimentação (de corpo e espiritual), para que possa haver Saúde e Trabalho, mas com Espiritualidade, sob a regência da Alma iluminada pelo espírito fraterno, que, além de proclamar a Solidariedade, a põe em prática.

O Cristo é um estado perene de juventude, porquanto de satisfação espiritual.

Quando verdadeiramente reconhecerem que a liberdade de Deus as criou, religiões e ideologias deixarão de ser, como por vezes se verifica, algemas. Em virtude disso, selecionei este pensamento do saudoso amigo, Presidente da Academia Brasileira de Letras (ABL), Austregésilo de Athayde* (1898-1993), para gáudio de Vocês: "A verdadeira religião ensina, orienta, edifica, porém não ameaça. A infinita bondade de Deus não pode ser clava mortal para os pecadores".

* **Austregésilo de Athayde** — Jornalista e escritor brasileiro, foi eleito Presidente da ABL, em 1959, dirigindo-a até seu falecimento.

Foi também Presidente de Honra do Conselho de Construção do Parlamento Mundial da Fraternidade Ecumênica, o ParlaMundi, da LBV. O "Baluarte das Artes Nacionais", como também era conhecido, chegou a enviar a Paiva Netto, o construtor do Templo da Boa Vontade (TBV) e do ParlaMundi, missiva em que se confessava lisonjeado com o convite que lhe fora remetido para associar-se ao Conselho do novo fórum: "Com responsabilidade de co-autor da Declaração Universal dos Direitos Humanos, apraz-me fazer parte desse egrégio Conselho. O Parlamento Ecumênico é algo que corresponde muito aos meus próprios ideais de servir à Humanidade (...)". O saudoso Presidente da ABL já desejava o surgimento desse intercâmbio, como se lê nesta carta endereçada ao autor desta obra, em 20 de maio de 1992: "Ao jornalista e amigo Paiva Netto: Muito apreciaria se o prezado patrício e amigo viesse, numa dessas quintas-feiras à sua escolha, tomar chá na Academia Brasileira de Letras. Assistindo a uma sessão da nossa entidade e expondo-lhe os objetivos de sua organização, criaríamos entre as duas instituições laços de cooperação de recíproca utilidade. Com um abraço afetuoso, Austregésilo de Athayde". Após seu falecimento, o também inesquecível **Barbosa Lima Sobrinho** (1897-2000), Presidente da Associação Brasileira de Imprensa (ABI), assumiu a presidência honorífica do Conselho. "Manifesto a disposição de aceitar o convite que me foi feito para fazer parte do Conselho de Honra do Parlamento Mundial da Fraternidade Ecumênica (...). Não posso deixar de aprovar qualquer movimento de Caridade, sobretudo quando tem a presença de Paiva Netto (...)", escreveu. O ParlaMundi, hoje, é uma realidade e celebra, com prazer, a memória dessas duas grandes figuras brasileiras, a exemplo do Auditório Austregésilo de Athayde, que funciona no pavimento térreo do local.

Quem não é
capaz de assumir
uma atitude correta,
acaba consumido
pela circunstância
criada por sua
omissão.

"Dresden, a Cidade Nova, nº 4", obra de Oskar Kokochka (1886-1948). Pinacoteca, Hamburgo (Alemanha).

Dinheiro e fama podem tornar-se um pesado fardo para o Ser Humano. Dificilmente trazem felicidade. A não ser à medida que correspondam a benefícios promovidos em favor do coletivo. Eis um caminho para a Paz entre aqueles que tudo têm e os que necessitam de auxílio: Solidariedade.

Quando Você compreende o sentido da renúncia, aprende a amar. É nesse momento que a felicidade genuinamente se apossa do seu coração. Lição do *Bhagavad-Gita**: "Conhece a Paz quem esqueceu o desejo".

* **Bhagavad-Gita** — Significa "Canto do Divino Senhor" ou "O canto do Bem-Aventurado". Poema místico-filosófico, é o episódio mais célebre do *Mahabharata* e o texto mais venerado pelos hindus. É um verdadeiro compêndio das idéias da Espiritualidade da Índia. Nele, Krishna transmite a Arjuna, filho de Indra, o ensinamento da filosofia bramânica, referente ao dever próprio dos membros de cada casta e aos meios para se libertar do fluxo dos renascimentos.

Milhões e milhões de mulheres, homens, jovens e crianças libertários põem o puro ideal ecumênico acima de todos os sectarismos, decididos que se encontram na construção de uma Humanidade mais feliz. Na revista *Boa Vontade* nº 25, de julho de 1958, encontramos registrado este oportuno pensamento de um anônimo: “O respeito aos ideais alheios é a condição principal para materializarmos os nossos próprios ideais”.

Quando as Almas se despem da vaidade excessiva, resplandece a sua grande luz espiritual. Ensinou o Buda* (aprox. 556-486 a.C.) que "a verdade está dentro de nós. Não surge das coisas externas, mesmo que assim acreditemos. Há um centro interno onde a verdade habita em sua plenitude".

* **Buda** — O maior de todos os Budas, o que fundou o Budismo, foi Siddharta Gautama. Originário de uma família nobre, era mantido pelo pai, o rei Suddhodana. Uma tradição relata que a partir do instante em que teve contato com o sofrimento, andando pelos arredores do palácio, ao se deparar com a doença, a miséria, a velhice, a morte, ou seja, com a vida real, bem distante da existência luxuosa, deixou de lado todos os bens materiais, para dedicar-se inteiramente à vida espiritual. Partindo do ponto de que viver é sofrer, Buda estabeleceu normas orientando o sentido da perfeição.

Transformações perenes muitas vezes surgem nos instantes de grande agitação histórica. Os tenazes crescem em tempos de refrega. Se o fizerem com o pensamento firmado na Paz, o efeito de seus esforços marcará sua passagem pela Terra com o sinete da Luz. O ilustre médico brasileiro Dr. Adolfo Bezerra de Menezes Cavalcanti* (1831-1900) ensinava que "se aspiramos transmitir a Paz, se queremos elevar o coração da criatura, não podemos prescindir, em nossas vidas, de uma profunda e radical mudança na busca do fortalecimento da Fé e do entendimento dela".

---

* **Adolfo Bezerra de Menezes Cavalcanti** — Personalidade ímpar na história da monarquia e no início da república no Brasil, foi abolicionista inflamado, líder do Partido Liberal, além de Presidente da Câmara Municipal da Corte (Rio de Janeiro), uma espécie de prefeito dos dias atuais. Foi também Presidente da Federação Espírita Brasileira (FEB). Por sua devoção aos carentes, era chamado "Médico dos Pobres".

"A Pequena Rua", obra de Johannes Vermeer (1632-1675). Museu Real de Amsterdam (Holanda).

Devemos cultivar soluções onde alguns só enxergam problemas. Oportunidades sempre são plantadas por Deus à nossa volta. Colhê-las ou não compete a cada um que saiba lavrar bem a seara da vida com seu livre-arbítrio.

Haverá um dia em que as armas terão, por fim, suas sinistras vozes caladas. Ainda no Terceiro Milênio, mesmo que demore, os Seres Humanos entenderão que a essência do poder não se encontra propriamente neles, mas, sim, no espírito de Solidariedade, que a todos deve irmanar. Resta muito por fazer. Portanto, mãos à obra! O tempo não se detém para esperar pelos humores de quem quer que seja.

O estágio de fragilidade moral do mundo é tão avançado que, para acabar com a violência, só existe uma medicina forte: a da escalada do Amor Fraterno, aliado à Justiça, na Educação. Por isso, espiritualizar o ensino é um poderoso antídoto contra a agressividade. Por falar na "Senhora de Olhos Vendados", aqui um ilustrativo pensamento do ensaísta francês Luc de Clapiers, Marquês de Vauvenargues* (1715-1747): "Não pode ser justo quem não é humano". Por conseqüência, também não pode ser feliz.

---

* **Nota do autor** — Alziro Zarur, fundador da Legião da Boa Vontade, apreciava citar um aforismo de Vauvenargues: "A perfeição de um relógio não reside no fato de andar depressa, mas no fato de regular perfeitamente".

Podemos, hoje, falar de Ecumenismo Total, que vai além do Ecumenismo Irrestrito*[1], porque propõe a união deste mundo com o Outro. Afinal de contas, os mortos verdadeiramente não morrem*[2]. Eles são, agora, o que seremos amanhã. O renomado evangelista norte-americano Billy Graham*[3] escreveu: "A morte não é o fim, mas o começo de uma nova dimensão de vida — a vida eterna. (...) Pela Sua ressurreição dentre os mortos, Jesus demonstrou — sem qualquer sombra de dúvida — que existe vida após a morte".

*[1] **Nota do autor** — O Ecumenismo Irrestrito prega o perfeito relacionamento entre todas as criaturas da Terra. O Ecumenismo

Total preconiza a fraterna aliança da Humanidade da Terra com a do Mundo Espiritual Superior e com qualquer civilização que possa haver no Espaço. Por que não?! Todo o Universo está aí para que apenas o fiquemos (à exceção dos astrônomos e poetas) ociosamente apreciando?! E olhe lá, quando nos lembramos de erguer os olhos para ele... Seria pretensão de nossa parte admitir a impossibilidade da existência de outras formas de vida no Cosmos. "Ecumenismo Irrestrito" e "Ecumenismo Total" são expressões criadas por Alziro Zarur.

*[2] **"Os mortos não morrem"** — Este pensamento de Paiva Netto se encontra na entrada da Sala Egípcia do Templo da Boa Vontade, o mais visitado monumento da capital do Brasil. Segundo dados da Agência de Desenvolvimento do Turismo do Distrito Federal (Adetur), mais de um milhão de pessoas passam pelo local todos os anos. O Templo da Paz, como também é chamado, foi inaugurado por Paiva Netto em 21 de outubro de 1989, na presença de cerca de 50 mil pessoas, que vieram de diversas partes do País e do mundo. O grande acontecimento foi transmitido para o Brasil e para o Exterior por intermédio de várias emissoras de rádio e televisão.

*[3] **Billy Graham** — Nascido em Charlotte, Carolina do Norte, em 1918, é um dos mais conhecidos e respeitados líderes evangélicos dos Estados Unidos da América.

* * * * *

livre-arbítrio

Se Deus nos privilegiou com o livre-arbítrio, igualmente nos instruiu com o sentido de responsabilidade, do qual, para o nosso bem, não devemos abrir mão.

O grande poeta brasileiro Carlos Drummond de Andrade* (1902-1987) costumava dizer que "quanto mais consciência você tem do valor das palavras, mais fica exigente no emprego delas". Portanto, saibamos absorver o real sentido dos ensinamentos de Deus, que bem conhece o "valor das palavras". A Mensagem do Pai Celestial, que é Amor, não pode ser discernida segundo o conceito sombrio do ódio. Que tal analisá-la e cumpri-la sob a inspiração da Fraternidade? É bem mais civilizado.

---

* **Carlos Drummond de Andrade** — Mineiro de Itabira do Mato Dentro, começou a carreira de escritor em 1921, quando colaborou com as edições do *Diário de Minas*, órgão que aglutinava membros do movimento modernista do Estado. Publicou em 1928, na *Revista de Antropofagia*, o poema "No meio do caminho", que provocou muitos comentários na sociedade. Ingressou no funcionalismo público e, em 1934, mudou-se para o Rio de Janeiro/RJ. Em agosto de 1987, morreu sua única filha, Maria Julieta Drummond de Andrade, e, doze dias depois, o poeta faleceu. Deixou várias publicações, entre elas obras em prosa e livros de poesia, traduzidos para diversos idiomas. Ficou imortalizado como uma das mais importantes figuras da poesia moderna brasileira.

Os povos geralmente conseguem sobreviver às maiores confusões que lhes surgem no caminho. É muito boa essa teimosia, esse bom senso de tanta gente que fundamenta as suas ações na Coragem, como também no Amor, no Bem, na Solidariedade, na Fraternidade e na Razão esclarecida pelo raciocínio iluminado por Deus. Todavia, jamais no fanatismo.

Tamanho denodo é que tem feito a Humanidade subsistir a tanta loucura. A seguinte lição de Isaías, no seu livro do Antigo Testamento da Bíblia Sagrada (32:17), referenda essa realidade quando afirma: *O efeito da Justiça, será Paz, e o fruto da Justiça, repouso e segurança para sempre.*

Pedro Apóstolo, em sua Primeira Epístola (4:8), pregava ao povo, dizendo: *Tende, antes de tudo, ardente Amor uns para com os outros, porque o Amor cobre uma multidão de pecados.* Fazer revolução é isto: com ardente Amor, ou seja, com paixão, Fé e Boa Vontade, sacudir as Almas, despertar os Espíritos, iluminando sua consciência, sem conduzir os Seres Humanos à dor ou à morte. Quase dois milênios depois, Gandhi* (1869-1948), o ícone indiano da filosofia da não-violência, declarou: "Quando o Homem chega à plenitude do

Amor, neutraliza o ódio de milhões". E, como fez o próprio Mahatma, indica ao povo o caminho da libertação.

---

* **Gandhi** — Mohandas Karamchand Gandhi é o nome verdadeiro do líder pacifista indiano. Mahatma, que significa "grande alma", ficou conhecido por sua liderança pacifista e é, com certeza, a personalidade principal da independência da Índia. Em 1891, formou-se em Direito na Inglaterra e depois voltou à Índia, onde exerceu a profissão. Dois anos depois, iniciou um movimento na África do Sul — àquela altura colônia britânica —, no qual objetivava lutar pelos direitos dos hindus. Em 1914, voltou à Índia e difundiu seu movimento, cujo método principal era a resistência passiva, pregando a não-violência como forma de luta. Em 1922, foi detido depois de organizar uma greve contra o aumento de impostos, sendo condenado a seis anos de prisão. Porém, foi libertado em 1924. Em 1930, liderou a marcha para o mar, uma caminhada de 320 km para protestar contra os preços dos impostos britânicos. Finalmente, em 1947, foi proclamada a independência da Índia. Gandhi trabalhou também para evitar a luta entre muçulmanos e hindus, que estabeleceram um Estado separado, o Paquistão, dividido em duas frações, uma das quais, anos depois, se tornou Bangladesh. Acusado pela divisão territorial da Índia, atraiu o ódio dos nacionalistas hindus. Um deles o assassina a tiros no ano seguinte, quando Gandhi tinha 78 anos. Na época, foi cremado, e mais de um milhão de indianos compareceram ao seu funeral. Parte de suas cinzas foi jogada nas águas sagradas do rio Jumna. Passados 49 anos de sua morte, outra parte de suas cinzas foi lançada, numa cerimônia especial, no rio Ganges, na cidade de Allahabad, local sagrado para os hinduístas.

A pregação de Jesus não aprisiona. Muito pelo contrário: livra-nos dos ódios e misérias, terríveis flagelos criados pela insanidade humana.

A Paz não se improvisa. É resultado de muito esforço, dedicação, inteligência; de integração entre a Humanidade da Terra e o Mundo Espiritual Elevado. Os mortos continuam vivos. Não morrem. E estão sempre dispostos a nos auxiliar. Cabe aqui este pensamento de Alcione Vilamil, que viveu no século XVII: "Na obra de Deus, a Paz sem trabalho é ociosidade com usurpação".

Orar é imprescindível à segurança e à felicidade dos Seres Humanos. Por quê?! Vejamos o exemplo espiritual a seguir:

Na sangrenta história das nações, temos assistido à aliança*[1] dos homens com os piores obsessores que perambulam pelas dimensões (ainda) insondáveis à maioria dos habitantes deste Planeta. São especialistas no ato de influenciar os povos e os seus dirigentes. Basta ver que, pelos milênios, poucos governantes têm enxergado outras saídas que não as do sangue vertido da moral, do corpo ou do Espírito de sua gente e daqueles que consideram inimigos — ou dos que elegem para o ser —, sob pretextos mil, de forma a alcançar miríades de interesses por meio da hegemonia pela força. Seus gabinetes e de tantos quantos têm poder sobre as massas, em diversas ocasiões, vivem ocupados por essas almas obscuras, por escolha muitas vezes inconsciente dos próprios homens e mulheres que dirigem a Terra, pois teimam em pensar que a morte é o portal para o desconhecido ou o término de tudo. Que grande e triste equívoco! Se não crêem na ação permanente dos mortos, no mais das vezes afastam de suas existências diárias as Entidades luminosas (verdadeiros Anjos Guardiães) que querem ajudá-los. Isso ocorre em prejuízo dos que vivem sob o seu comando político, social, religioso, etc. Tal fato sucede porque os Seres Humanos freqüentemente atraem a ação de espíritos inferiores sobre si por causa de seus pensamentos subalternos, que vivem a alimentar em suas mentes. Como adverte o Salmista (42:7), *Abyssus abyssum invocat* (O abismo atrai o abismo). Leão XIII[*2] (1810-1903), que reinou sobre a Igreja Católica de 1878 a 1903, deixou-nos sua famosa prece *A São Miguel Arcanjo*, na qual lhe pede que proteja os Seres Terrenos "dos espíritos malignos que vagueiam pelo mundo para a perdição das almas". Ora, essa perseguição promovida pelos habitantes dos umbrais[*3], como vemos, não se restringe às humildes criaturas dos povos. Derrama-se igualmente sobre seus comandantes com forte intensidade. Pela falta de oração pura e fervorosa ao Pai Celestial, sempre entendido como Amor, muitos dos que dirigem o mundo são tão influenciáveis quanto qualquer um dos mais simples cidadãos que consideram ter sob seu completo domínio. Ninguém tem supremacia permanente sobre qualquer sociedade, apenas instantes de poder. (A própria Natureza é fator impeditivo de tal ambição, porque estabelece o fim do corpo físico.) Ademais, todos prestarão severas contas a um Tribunal incorruptível existente do Lado de Lá. E esse Júri Celeste tem início na consciência de cada um, já aqui mesmo no Planeta.

Na verdade, mais dia, menos dia, aqueles que acreditam ser, *ad aeternum**[4], controladores dos destinos terrenos acabam, em geral, por se transformar em marionetes de potestades insidiosas de que nem desconfiam da ação, ou nem mesmo aceitam a existência, mas que, a despeito de sua incredulidade, subsistem! E quantas vezes os esperam do Outro Lado do túmulo, por considerá-los parceiros nas suas trampolinagens... Falo dos "poderosos" que não têm como bandeira a preocupação solidária com a destinação dos que deveriam servir. A política do bem público e a administração do patrimônio nacional, e a das grandes e pequenas empresas e das organizações diversas constitui um exigente sacerdócio. Infelizmente para a Humanidade, as forças do astral inferior regem muitos cérebros no plano material. Se assim não fosse, a História não seria a sangreira que tem constituído uma das suas características mais sinistras. Tudo começará a mudar, porém, quando as massas e seus governantes aprenderem a manter, por meio da prece e de ações solidárias, sintonia permanente com as Entidades Espirituais Superiores, que pairam acima dos limites terrestres. Os políticos e os que detêm o poder, incluído o religioso, mais do que ninguém deveriam orar e vigiar, como Jesus advertiu (Evangelho, segundo Marcos, 13:33). Eles têm nas mãos o destino do Planeta globalizado. Como costumo dizer, **o Mundo Espiritual não é uma região abstrata**. Por isso, ensinou o saudoso Alziro Zarur: "O segredo do governo dos povos é unir a Humanidade de baixo à Humanidade de Cima, sob as Divinas Claridades do Novo Mandamento do Cristo"*[5].

No meu livro *Sociologia do Universo*, a respeito de assunto semelhante escrevi: "O Espírito é, no Cosmos, agente e, por força da Lei de Causa e Efeito*[6], também paciente, porquanto autor e padecedor de seus próprios atos, sendo ou não cônscio dessa interdependência. A compreensão do significado da Lei Divina de Causa e Resultado ir-se-á desenvolvendo à medida que o Ser Humano descobrir a sua verdadeira origem, a Espiritual, até que não mais reste dúvida de que o governo da Terra começa no Mundo Invisível. Ninguém, neste Planeta, exerce o poder impunemente". Por isso, não apenas os povos mas também os seus líderes devem, sem ódio no coração, orar constantemente, a começar pelos políticos... Entretanto, é preciso destacar que, quando digo que os soberanos do mundo devem orar, não me refiro às preces que alguns podem ainda fazer para, em seguida, sair esmagando por aí, a pretexto de salvar a civilização. Se não entrarmos em sintonia com os Poderes Espirituais Elevados, ficaremos à mercê dos atrasados (rimou e é verdade).

---

*1 **Aliança** — Para entender melhor o relacionamento do Mundo Espiritual com o terreno, leia "A Abrangência do TBV", nas *Diretrizes Espirituais da Religião de Deus*, volume II, e, mais completamente, no terceiro volume de *O Brasil e o Apocalipse*, ambos de autoria de Paiva Netto.

*2 **Leão XIII** — Gioacchino Pecci, sucessor de Pio IX, foi Papa entre 1878 e 1903. Bateu-se pela restauração do poder temporal dos papas. Deixou várias encíclicas (cartas circulares pontificiais) de grande importância histórica, influenciando os acontecimentos da época e o próprio desenvolvimento do pensamento cristão. A principal foi a *Rerum Novarum* (1891), firmando a posição católica sobre os conflitos entre capital e trabalho.

*3 **Umbral** — Segundo nos relata o Espírito André Luiz, em *Ação e Reação*, "(...) situada entre a Terra e o Céu, (o Umbral é) dolorosa região de sombras, erguida e cultivada pela mente humana, em geral rebelde e ociosa, desvairada e enfermiça".

*4 **Ad aeternum** — Para a eternidade.

*5 **Ensinamento de Alziro Zarur** — Pode ser encontrado na 17ª Chave Bíblica da Volta Triunfal de Jesus, no *Livro de Deus* (edição esgotada), também de Paiva Netto.

*6 **Lei de Causa e Efeito** — Lei Divina de Causa e Conseqüência, Lei de Causa e Resultado.

"Café à Noite", obra de Vincent van Gogh. Acervo de Rijksmuseum Krôller-Müller, Otterlo (Holanda).

Quem souber entrar no Silêncio fará surgir, de dentro de si, todas as riquezas que o mundo não lhe pode oferecer, a começar pela Paz de Espírito, que Deus nos prometeu e que ninguém, além Dele, nos pode proporcionar integralmente, porque nem a conhece ainda.

* * * * *

Quando Você
precisa de
reconhecimento
constante para
tudo que faz,
alguma coisa
anda errada...
com Você.

* * * * *

Sua casa em paz...

"Boa romaria faz quem em sua casa está em paz." Ditado antigo, que me foi ensinado por minha saudosa Mãe, uma baiana decidida, Idalina Cecília de Paiva (1913-1994).

A Caridade é Paz para com todos e Paz para consigo mesmo.

Quem faz Caridade, persistindo nela, recebe de Deus a Caridade Dele, ou seja, Sua Misericórdia Infinita.

Não haverá Paz duradoura enquanto prevalecerem privilégios injustificáveis, que desonram a condição humana, pela ausência de Solidariedade, que deve iluminar homens e povos. Escreveu Pierre-Joseph Proudhon* (1809-1865): "A Paz obtida com a ponta de uma espada não passa de uma simples trégua". Por isso, em todos estes milênios de "civilização", bilhões de pessoas morreram sob a chacina das armas, da fome e da doença. (...)

Jesus sempre pregou a Fraternidade. Como realmente acreditamos no Divino Chefe, temos de batalhar pelo que apresentou como solução para os tormentos que ainda afligem as nações. A temperança é virtude indispensável nesta peleja. Mas, frente aos desafios, **não podemos confundir pacifismo com debilidade de caráter**. Bem a propósito, estas palavras da autora Eleanor L. Doan: "Qualquer pusilânime pode louvar a Cristo, todavia é preciso ânimo forte para segui-Lo". Não podemos também nos esquecer dos exemplos dos cristãos primitivos, mas, sim, neles buscar a vivência que precisa ser repetida neste mundo, qual seja a da Paz: *Da multidão dos que creram, era um o coração e a alma. (...) E assim, perseguidos por todos os meios, passaram a viver em comunidade, não havendo necessitados entre eles, porque todos se socorriam, cada qual com o que possuía* (Atos dos Apóstolos de Jesus, 4:32 a 34).

---

* **Pierre-Joseph Proudhon** — Em seus contatos com os socialistas, desenvolveu teorias próprias sobre um sistema sem governo, baseado numa organização econômica cooperativista e na libertação do crédito da agiotagem que o controlava. Em 1840, publicou *Qu'est-ce-que la propriété?*, no qual se declarou pela primeira vez anarquista. O livro foi elogiado por Marx, que se transformaria, mais tarde, no grande crítico das idéias de Proudhon. Foi deputado independente da Assembléia Nacional e fundou um Banco do Povo, para demonstrar, na prática, as suas teorias de crédito livre. Após o exílio na Bélgica, regressou a Paris e tornou-se um líder respeitado entre os operários, e um grupo de discípulos seus, os Mutualistas. Participou ativamente na criação da Primeira Internacional Socialista. Sua obra póstuma, *De la Capacité Politiqque des Classes Ouvrières*, forneceu a base teórica para o anarco-sindicalismo.

Para alento aos fiéis batalhadores da Causa do Bem na Terra, acima de crenças e descrenças, em qualquer setor em que estejam — social, religioso, político, científico, artístico, esportivo, doméstico ou público —, juntamos este recado confortante do ilustre Dr. Bezerra de Menezes, transmitido em 18 de janeiro de 2003, que publiquei no artigo "O Livro e a Divina Mensagem da Cruz": "(...) Haverá fartura nas Casas de Deus, mesmo em tempos de fome no Planeta". Isso vem ao encontro do que está revelado por Jesus, no Seu Apocalipse, 6:5 e 6:

O Terceiro Selo*

5 Quando o Cordeiro de Deus abriu o terceiro selo, ouvi o terceiro ser vivente, dizendo: Vem e vê! Então apareceu um cavalo preto e o seu cavaleiro com uma balança na mão.

6 E ouvi uma voz no meio dos quatro seres viventes que dizia: Uma medida de trigo por um denário; três medidas de cevada por um denário; ***e não danifiques o azeite e o vinho.***

* **O Terceiro Selo** (Apocalipse, 6:6) — *... e não danifiques o azeite e o vinho*. Para outros esclarecimentos, leia as coleções *O Brasil e o Apocalipse* e *O Apocalipse de Jesus para os Simples de Coração*, de autoria de Paiva Netto.

Inspiração...

Deus, sempre compreendido como Amor, é fonte inexaurível de Inspiração e Paz para todos os grupos ainda conflitantes neste mundo. Sem respeito, não poderá haver concórdia. O autor deste provérbio turco tinha consciência plena do que dizia: "Se não tiveres cuidado com a formiga que está debaixo dos teus pés, ninguém terá cuidado de ti, quando estiveres na trilha do elefante".

Deus...

O Ecumenismo nos eleva à procura de soluções globais, dentro do espírito universal de Fraternidade, pregada por grandes pensadores e inspirados líderes de religiões. Ela é o "fio de Ariadne"*, que, seguramente nos conduzindo pelos caminhos escuros e tortuosos das cavernas do Minotauro, pode levar-nos à esplendorosa claridade do Sol, livrando-nos das trevas dos ódios sectários.

* "**Fio de Ariadne**" — Leia explicação no livro *Somos todos Profetas*, de Paiva Netto, Editora Elevação, 44ª ed., pp. 39 e 40.

O risco de uma Terceira Guerra Mundial não é ilusório. Por enquanto, a Paz quase que não tem passado de figura de retórica. Na maior parte da História humana, o período em que prevaleceu é ínfimo. Se é que já existiu verdadeira Paz neste mundo... Somente na Alma de alguns bem-aventurados é que ela tem conseguido habitar. (...) Por isso, certamente advertiu o Papa João Paulo II*[1], numa memorável alocução, na década de 1980, que "o perigo é real"*[2].

---

*[1] **João Paulo II** — O primeiro Papa não italiano desde 1523. Karol Wojtyla nasceu no dia 18 de maio de 1920 em Wadowice, Polônia. Foi ordenado sacerdote em 1946 e se doutorou em Teologia na Universidade Pontifícia de Roma, em 1948. Foi eleito Papa em 16 de outubro de 1978, sucedendo a João Paulo I, que governou a Igreja Católica Apostólica Romana no curto período de 33 dias. Wojtyla adotou, então, o nome João Paulo II. Em 13 de maio de 1981, foi gravemente atingido por um tiro durante uma tentativa de assassinato, quando percorria de carro a Praça de São Pedro, no Vaticano. João Paulo II publicou livros de poesia e, sob o pseudônimo Andrzej Jawien, escreveu uma peça de teatro, "A Loja do Ourives" (1960). Os seus escritos éticos e teológicos incluem *Amor Frutuoso e Responsável* e *Sinal de Contradição*, ambos publicados em 1979. Conhecido como "O Papa Peregrino", por suas muitas viagens missionárias, tem contribuído sensivelmente para a busca da Paz em todo o mundo.

*[2] **"O perigo é real"** — Veja referência no livro *Somos Todos Profetas*, de Paiva Netto, Editora Elevação, 44ª ed., p. 114.

A concórdia entre religiosos é a primeira a ser conquistada. Da paz de consciência dos Seres Terrenos, gerada por uma nova postura universalista, ecumênica, portanto altamente fraterna, é que nascerá a paz social, a paz entre as instituições e a desejada Paz Mundial, sob a proteção do Pai Celeste, o maior Diplomata de todos os tempos da História deste Planeta. Para os que riem dessa realidade, uma pequena recordação do cético Voltaire: "Se Deus não existisse, precisaria ser inventado".

Muitas nações não estão diretamente envolvidas nos conflitos armados que flagelam este Orbe, mas todas sofrem a opressão do medo ou da miséria, pela violência dos armamentos novos ou pelo desvio maciço de verba para a indústria da morte, em prejuízo da instrução, educação, espiritualização, alimentação e saúde dos povos. Portanto, a guerra nos atinge a todos nestes tempos de comunicação rápida e de temporais de informações, que ameaçam, com seus raios e trovões, dar curto-circuito nos cérebros humanos. Daí a inclusão que faço, neste bate-papo despretensioso com Vocês, deste pensamento de John Fitzgerald Kennedy* (1917-1963): "Só as armas não bastam para guardar a paz. Ela deve ser protegida pelos homens (...). A mera ausência de guerra não é paz".

---

* **John Fitzgerald Kennedy** — Primeiro presidente católico dos Estados Unidos da América. Graduando-se em Harvard em 1940, alistou-se na Marinha. Em 1943, quando seu barco foi cercado e afundado por um destróier japonês, Kennedy, apesar dos ferimentos graves, conduziu, em segurança, os sobreviventes pelas águas turbulentas. De volta da guerra, tornou-se congressista do Partido Democrático, chegando ao Senado em 1953. Em 1955, escreveu *Profiles in Courage*, que foi agraciado com o prêmio Pulitzer de história. Foi assassinado, na presença de sua esposa, Jacqueline (1929-1994), em Dallas, Texas, em 22 de novembro de 1963 — ainda não se sabe bem por quem —, enquanto desfilava, em carro aberto, ante a multidão, que o aplaudia.

O mundo só conhecerá a Paz quando viver o Amor Espiritual e souber reconhecer a Verdade Divina. No entanto, a Divina Verdade de um Deus que é Amor. Não a de um ser brutal e vingativo, inventado pelo desatino humano. Certamente é desse que o filósofo germânico Friedrich Nietzsche* (1844-1900), sabendo ou não, anunciou a morte. E já foi tarde! Mas é preciso tirar o seu cadáver da rua...

* **Friedrich Nietzsche** — Filósofo e escritor alemão, descendente de pastores protestantes, nasceu em Röcker, localidade próxima de Leipzig, Prússia. Estudou Filologia, na Universidade de Leipzig, e Teologia, na Universidade de Bonn. Teve contato com o filósofo Schopenhauer (1788-1860) e amizade com o compositor Richard Wagner (1813-1883). Em 1879, seu estado de saúde se complicou, por causa de depressões nervosas e do enfraquecimento da visão. Suas faculdades mentais se deterioraram ainda mais em 1889.

A ignorância é a mais trágica enfermidade que pode atacar uma criatura terrena ou espiritual. Goethe* (1749-1832), o grande filósofo alemão, dizia que "a pior desgraça humana é uma ignorância em atividade". Zarur, ilustre pensador brasileiro, foi adiante, ao afirmar que "a pior desgraça humana é a ignorância da Lei Divina".

* **Goethe** — Johann Wolfgang von Goethe é um dos nomes mais importantes da literatura alemã. Nasceu em Frankfurt e recebeu formação enciclopédica. Em 1765, iniciou o curso de Direito da Universidade de Leipzig, onde escreveu suas primeiras poesias. É nomeado Ministro do Ducado de Weimar, onde se fixou. Nos anos seguintes, escreveu poesias e estudou Ciências Naturais. Em 1784, descobriu o intermaxillare, osso do corpo humano desconhecido pelos anatomistas, e elaborou teses que anteciparam a Teoria Darwinista. Escreveu cenas de *Fausto* (obra do Romantismo), que começou em 1774 e só concluiu em 1830.

Ser discípulo de Jesus é ser amante da Paz, nem sempre fácil de ser alcançada na balbúrdia moral em que vivemos. Mas é o próprio Mestre quem nos admoesta a perseverar até o fim*, para que alcancemos a verdadeira libertação, de modo que um dia possamos ouvir Dele mesmo: *Paz seja convosco*! (Evangelho, segundo João, 20:19).

* Evangelho de Jesus, segundo Mateus, 24:13.

"O Canal Saint-Martin", obra de Paul Signac (1863-1935). Coleção Madame Signac, Paris (França).

Creio no Amor Universal, que impulsiona a civilização à sobrevivência. A Humanidade tem sido obstinada na decisão (muitas vezes inconsciente) de subsistir, a despeito das incontáveis armadilhas que lhe são montadas existência afora. Trata-se da paixão natural dos povos pela vida. Eis a minha convicção mais arraigada, cujo desejo mais profundo é viver pacificamente com todas as criaturas. O meu ideal ecumênico preconiza a irmanação de todos os Seres Humanos e Espirituais, já que os mortos continuam vivos e por sermos criação de um Deus único, eternamente operante.

O Novo Mandamento do Cristo é a Lei de Solidariedade planetária, ainda pouco conhecida e muito menos vivida. Mas um dia virá a ser, por força do Amor ou por intervenção da Dor: *Amai-vos uns aos outros como Eu vos amei. Somente assim podereis ser reconhecidos como meus discípulos: se vos amardes uns aos outros como Eu vos tenho amado (...) Não há maior Amor do que este: o de dar a própria vida pelos seus amigos* (Evangelho de Jesus, segundo João, 13:34 e 35; 15:12 e 13).

Parlamento Mundial da Fraternidade Ecumênica da Legião da Boa Vontade. O relógio batia zero hora de 25 de dezembro de 1994, Natal de Jesus! Uma impressionante multidão ali estava, emocionada, a nos ouvir. Muitos foram os oradores naquela data memorável, quando inaugurei o ParlaMundi da LBV. Era tanta gente que tive de subir ao teto do prédio. E, de lá, exclamei: "A Humanidade, desta vez, integra-se ou desintegra-se". E me veio à memória uma pregação do Evangelho de Jesus feita por Alziro Zarur, em 1957, na Rádio Mundial, do Rio de Janeiro, quando, analisando a chacina em que se tem constituído a História, no transcurso dos séculos, exclamou: "A guerra é o monumento da insensatez humana".

Tantos anos se passaram, mas guardei na Alma essa realidade inconteste. Há quem glorifique as sangrentas batalhas sucessivas, criadoras de ruínas, viúvas e órfãos. Mas, enquanto nós, os Seres Humanos, à beira do Terceiro Milênio*, não descobrirmos outro roteiro para a nossa evolução como sociedade, pouco estaremos distanciados dos animais (ditos) irracionais. Não me iludo. É evidente que esse antigo estado de coisas não se modificará de uma hora para outra. Contudo, é preciso engrossar as fileiras dos que não querem ver o Planeta secar, como uma fruta podre, ou explodir, como uma bomba cósmica monumental. Será crime pensar assim?

* **"À beira do Terceiro Milênio"** — Palavras proferidas por Paiva Netto no fim do Segundo Milênio.

Jesus ensina, como Estadista que é, ao Brasil e ao mundo o caminho do progresso na Paz. No entanto, quando eloqüentemente nos aconselha a perseverança até o fim, é porque sempre soube, como atesta no Seu Evangelho, segundo Mateus, 26:41, que, *se o Espírito está pronto, a carne é fraca*. Por outro lado, ensinou-nos como suplantar a matéria, dando-nos o Seu próprio exemplo, ao enfrentar e vencer Satanás*[1] (Evangelho, segundo Mateus, 4:1 a 11), isto é, as convocações humanas ao erro. E entenda-se como tentação da carne não apenas o apelo exagerado do sexo, mas tudo aquilo que depõe contra o Ser*[2]: a corrupção, a omissão diante da atividade do mal, a falta de Caridade para com os que sofrem...

---

*[1] **Nota do autor** — Satanás é, na definição de Alziro Zarur, "a soma de todas as maldades humanas. Por isso, no dia em que o homem deixar de ser mau, Satanás deixará de existir". Outras explicações no artigo "Zarur: Satanás é o próprio Homem", em *Diretrizes Espirituais da Religião de Deus*, volume II, 2ª ed., pp. 161 a 165.

*[2] **Comentário do autor** — O Ser, aqui, é entendido não apenas como criatura em particular, mas também como cidadão, porquanto engloba toda a sociedade.

Religião é sentimento elevado de Fraternidade, resultando na Solidariedade ativa, que promove a Paz permanente. Por isso, Alziro Zarur, ativista religioso e social brasileiro, propôs e criou a Cruzada de Religiões Irmanadas, com a qual lançou suas propostas de Ecumenismo Irrestrito e Total. Ainda na década de 1940, escreveu esse saudoso lutador por um Brasil melhor e por uma Humanidade mais feliz: "As religiões nunca foram (intrinsecamente) inimigas entre si: elas representam os diversos graus de evolução do Ser Humano, a caminho de Deus (...)". Mais adiante, citando Allan Kardec* (1804-1869), transcreveu estas palavras do grande pensador e educador francês: "A fim de chegarem à unidade, as religiões terão de se encontrar num campo neutro, se bem que comum a todas; para isso, todas terão de fazer concessões mais ou menos importantes".

---

* **Allan Kardec** — Seu verdadeiro nome era Hippolyte Léon-Denizard Rivail. Nasceu em Lyon. Educado na Escola do grande Johann Heinrich Pestalozzi (1746-1827), em Yverdun, Suíça, tornou-se um de seus discípulos mais eminentes. Por volta de 1855, Kardec entregou-se à observação criteriosa dos fenômenos espirituais, que sacudiam o mundo ocidental, tornando-se, mais tarde, conhecido como "O Codificador do Espiritismo". As suas mais famosas obras são: *O Livro dos Espíritos, O Livro dos Médiuns, O Evangelho segundo o Espiritismo, O Céu e o Inferno, A Gênese* e *Obras Póstumas*, conhecidas como Pentateuco Kardequiano.

Fraternidade e Solidariedade são forças poderosíssimas, superiores a todos os ódios humanos conluiados. Bem-aventurado o dia em que os Seres Humanos e Espirituais compreenderem essa realidade palmar, que nos preenche a vida de Fé e de Esperança, que não morre nunca. Samuel Johnson* (1709-1784), escritor e dicionarista inglês, há mais de dois séculos já alcançara essa verdade, pois deixou consignado que "A Esperança é em si mesma um gênero de felicidade, possivelmente a maior que este mundo pode oferecer".

* **Samuel Johnson** — Foi crítico literário, poeta, tradutor e escritor inglês. Mas destacou-se como lexicógrafo (dicionarista), sendo sua principal obra o *Dictionary of the English Language*. O trabalho de maior sucesso publicado foi uma biografia do escritor escocês James Boswell.

Ensina o Talmude*[1]: "Aprenda primeiro a saber, para que depois possa fazê-lo por sua conta". É o caso do mundo... Para que haja Paz verdadeira entre as nações, é preciso primeiramente que ela habite o coração das criaturas que as formam. E isso é sabedoria em seu mais alto sentido.

É o óbvio, mas deve ser dito, como certamente aconselharia o velho e saudoso dramaturgo brasileiro Nelson Rodrigues*[2] (1912-1980).

*[1] **Talmude** — Do hebraico *talmud*, significa estudo, ensino. É a doutrina e jurisprudência da lei mosaica, com explicações dos textos jurídicos do Pentateuco, e a Mishná, isto é, a jurisprudência elaborada pelos comentadores entre os séculos III e VI.

*[2] **Nelson Rodrigues** — O dramaturgo e jornalista brasileiro foi um importante reestruturador do teatro nacional, tendo como fonte de inspiração a paisagem da cidade do Rio de Janeiro. Ele também foi autor de uma série de romances, comentarista esportivo e cronista em jornais.

É necessário, para transformar as criaturas, fazê-las viver em paz consigo mesmas. Se não houver essa tranqüilidade em nós, as nações nunca irão entender-se, posto que um país é constituído de seus cidadãos multiplicados, como dizia o grande jurista brasileiro Rui Barbosa: "A pátria não é ninguém; são todos; e cada qual tem no seio dela o mesmo direito à idéia, à palavra, à associação. A pátria não é um sistema, nem uma seita, nem um monopólio, nem uma forma de governo; é o céu, o solo, o povo, a tradição, a consciência, o lar, o berço dos filhos e o túmulo dos antepassados, a comunhão da lei, da língua e da liberdade".

"A volta do trabalho", obra de Pieter Paul Rubens (1577-1640). Acervo da National Gallery de Londres (Inglaterra).

Em um planeta...

Em um planeta onde a Paz é sustentada à ponta de baionetas, em que a todo momento poderemos vê-lo desfigurado em dramático confronto nuclear ou em combate químico horripilante, precisamos, urgentemente, vivenciar a **Paz de Deus**, singularizada na Fraternidade Ecumênica. Impossível?! Nada é impossível neste mundo. Basta ver a enormidade das barbáries praticadas. Ora, se o que é perverso ocorre à solta, por que o contrário, o que é benéfico, não é capaz de tomar-se de tanto ímpeto a ponto de mudar o rumo da História? Quanto tempo demorará essa transformação? Quem sabe?... Contudo, devemos ter consciência de que não convém adiá-la demais, pois as loucuras que por aí andam são ainda muitas...

sublimar-se...

Urge que o mundo caminhe para o entendimento, com a cooperação dos homens que eventualmente os dirijam ou sem a intromissão deles. A Humanidade tem de sublimar-se numa grande família. Ou, o que restará depois de tanta insanidade?

Aos céticos perquiridores que, por tanto indagarem, prestam um grande serviço à Humanidade, falta subir mais um degrau, que lhes abrirá o entendimento de que os destinos da Terra, que tamanho desgosto lhes causam, assim perduram, porquanto, até agora, o ceticismo não lhes permitiu compreender que tudo tem início na Dimensão Espiritual. Há Leis Divinas que precisam ser conhecidas, estudadas e vividas sob o impulso do Amor Fraterno, que as rege. Deus concedeu livre-arbítrio aos Seres Humanos e espera que amadureçam a ponto de compreender as Realidades Celestes, que constituem a **verdadeira revolução** que deve ser completada no mundo. Não há morte na Morte, porém vida e mais vida na Vida. De uma criatura simples e sábia — um índio, Flexa Dourada* — vem uma admoestação que, por vezes, pode levantar um sorriso de ironia de quem busca refúgio nas considerações cômodas do raciocínio restrito à dimensão material: "Os problemas encontram-se na Terra; as soluções, no Alto". Isto é, no Plano Espiritual, que, repito, não é uma abstração.

---

* **Flexa Dourada** — Irmão indígena que fraternalmente se apresenta em Espírito nas Reuniões Mediúnicas do Centro Espiritual Universalista da Religião de Deus, a Religião do Amor Universal, e que sempre traz informações preciosas sobre a conduta humana mais harmônica com as Leis Divinas.

* * * * *

O ceticismo
é a resposta
intelectual
ao fanatismo
religioso.

* * * * *

O maior bem que o
Criador Supremo
pode proporcionar à
criatura é a Paz
interior, que coisa
alguma neste mundo
consegue substituir.
Quem tem Paz tem
força, porque carrega
o Divino Poder no
coração.

O Profeta Maomé — "Que a paz e a bênção de Deus estejam sobre ele!" — ensinava que "o mais forte é aquele que sabe dominar-se na hora da cólera". Só há uma força capaz de sobrepujar o ódio nos corações: a Fraternidade operante, tantas vezes exaltada pelo grande filósofo e escritor francês Victor Hugo. De forma alguma o poder das bombas nucleares ou de outras armas de extermínio, nunca anteriormente imaginadas, trará Paz definitiva à Terra. É urgente desarmar os artefatos bélicos. No entanto, é fundamental fazê-lo aos corações sem tardança.

Para aqueles que ainda não respeitam, de coração, os seus semelhantes, por estes pertencerem à crença diferente — como se Deus não fosse o mesmo para todos, ou como se a Fraternidade verdadeira, a que se sustenta perante as ameaças mais brutais, fosse menos poderosa que o troar de canhões —, este pensamento, de autor desconhecido, encontrado na *Antologia da Boa Vontade* (1955): "Nas escolas religiosas, existem crentes célebres pela grandeza de seus conhecimentos e teorias, mas, como acontece à famosa Vênus de Milo*, requestada pela pureza de suas linhas, não têm braços para ajudar a ninguém".

* **Vênus de Milo** — Estátua grega do século I a.C. A famosa obra, e a mais conhecida e apreciada peça de escultura mundial, hoje se encontra no Museu do Louvre, em Paris (França).

A conquista de um mundo mais humano se tornará real quando todos se unirem numa corrente ecumênica de Fé Realizante*[1] e de Paz! "Ah! Isso demorará tanto!", alguém exclama. Mas respondo-lhe com satisfação: Ora, meu amigo, minha amiga, já foi bem pior... Houve ocasião em que o camponês e sua família eram vendidos com a terra; em que às mulheres e às crianças nem o direito de ter Alma lhes era concedido. Assim sendo, a ordem é avançar. Por isso, estou de acordo com Louis de Bonald*[2] (1754-1840), quando afirma: "A paciência suaviza as mais rudes asperezas. Nada a vença em ti, nem as palavras irritantes, nem as vivacidades provocativas. Sê como a uva, cujo suco é mais doce, quando a videira cresce em solo muito pedregoso".

---

*[1] **Fé Realizante** — A que se contrapõe à fé ociosa.

*[2] **Louis-Gabriel-Ambroise, Visconde de Bonald** — Combateu os princípios da Revolução Francesa. As suas idéias influenciaram a restauração de Luís XVIII. Entra em conflito com o processo revolucionário a partir de 1791. Mostra-se hostil à existência de uma constituição escrita e parte para o exílio. Adere ao Império em 1810, sendo nomeado para o Conselho Universitário. Escolhido deputado com a restauração, em 1823, é designado por Luís XVIII para o Conselho da Instrução Pública. Inventa a expressão *relações sociais*, depois desenvolvida por Comte. Defende uma *societé bonne* firmada na família e nos grupos sociais "naturais", como as corporações.

O Amor (sinônimo de Caridade) é a mais eficiente estratégia que resta por descobrir e aplicar nas relações internacionais. Contudo, nesses casos, ao Amor deve-se aliar uma boa dose de sagacidade, semelhante à aplicada pelo Apóstolo Paulo perante Pórcio Festo*, ao *apelar para César* (Atos dos Apóstolos de Jesus, 25:1 a 12). Não é por se crer no Evangelho que se deva ser parvo. Jesus nos aconselhou a ser *simples como as pombas*, contudo completou o Seu ensinamento ao declarar: *e prudentes como as serpentes*. Bem a propósito, esta lição de Alziro Zarur: "Perdoar é transferir a Deus o julgamento. Mas o Pai Celeste não impede os bons de se defenderem dos maus".

Amor... sinônimo de Caridade

* **Paulo perante Pórcio Festo** — Veja resumo desta história no livro *Paiva Netto — Crônicas e Entrevistas*, p. 313.

Como ensina Emmanuel*[1], "quando as lições do Divino Mestre ressoam dentro de um templo familiar, as pequenas dificuldades que, vez por outra, prejudicam a paz doméstica, cedem lugar à felicidade comum".

Ora, tem toda a razão o notável Mentor Celeste, porque o Poder do Cristo se esmera por revelar-se, em especial, "nos ambientes em que são congregados Espíritos com dívidas cármicas a serem, com o passar do tempo, quitadas", de preferência sob os auspícios do Amor Fraterno, definido por João de Brito*[2] (1647-1693) como "sublime impulso de Deus, energia que move os mundos". A reencarnação não é, pois, medida punitiva estabelecida pelo Criador contra Suas criaturas. Pelo contrário. Trata-se de nova oportunidade para que, um dia — segundo completa Emmanuel —, "os que se odiavam, convencidos dos prejuízos da mágoa e do rancor, passem a procurar um caminho novo, o do entendimento, até que caiam as muralhas das desavenças, permitindo assim que o Sol da Paz passe a brilhar onde reinava a escuridão".

*[1] **Emmanuel** — Guia espiritual do saudoso médium brasileiro Francisco Cândido Xavier (1910-2002). Acompanhou-o desde as primeiras manifestações espirituais. Por intermédio do famoso sensitivo, Emmanuel escreveu importantes obras, encontrando-se entre as mais conhecidas *Há 2000 anos* e *50 anos depois*, ambas transformadas em radionovela por Paiva Netto, alcançando grande sucesso de audiência na Rede Boa Vontade de rádio e posteriormente lançada em CD, em *kit* da Editora Elevação, em parceria com a Federação Espírita Brasileira (FEB).

*[2] **Padre João de Brito** — Um dos grandes ícones da história religiosa portuguesa. Pelo seu abnegado missionarismo pelo Oriente, é tido como o último seguidor português dos grandes apóstolos do século XVI, o "segundo (Francisco) Xavier (1506-1552), o missionário jesuíta conhecido como o Apóstolo das Índias". Nascido em Lisboa, João de Brito viajou para a Índia com o objetivo de pregar o Evangelho da salvação aos mais pobres e desprotegidos. Lá, sofreu perseguições e, por fim, o martírio. Esteve no Brasil. Célebre pela sua vida de santidade, constância e firmeza, o lisboeta foi canonizado, em 1947, pelo Papa Pio XII.

"Paisagem de Woburn", obra de Thomas Gainsborough (1727-1788). Coleção Bedford, Woburn Abbey.

O lar — com todos os seus problemas à espera de solução, que surgem à medida que se amadurece — sempre foi o sustentáculo da sociedade. Por isso, Emmanuel pondera aos apressados que "O paraíso na Terra floresce nas famílias integradas no Amor Divino". De acordo com o digno Mentor Espiritual, isso ocorre porque a ação do Amor é um trabalho de paciência. Eis o motivo pelo qual devemos anotar em nossos corações este aforismo do poeta e filósofo judeu Salomão Ben Judá Ibn Gabirol, conhecido como Avicebron* (1022-1070): "A paciência colhe a paz; a precipitação, o arrependimento".

* **Avicebron** — Poeta e filósofo judeu, de origem espanhola. Aliou o neoplatonismo a elementos do Judaísmo. Em sua famosa obra, *A Fonte da Vida,* defende o hilemorfismo universal (incluindo a alma intelectiva e as substâncias espirituais). Essa teoria seria aceita pela escola franciscana (Alexandre de Hales e S. Boaventura), mas rejeitada por S. Tomás de Aquino. Com Maimônides, foi um dos maiores filósofos da Idade Média.

"Há casos em que temos de transformar a calúnia e a afronta em lição para a nossa vida. Isso faz com que a maledicência seja proscrita na caverna do silêncio", apregoa também Emmanuel. De sua parte, André Luiz*[1] convida a criatura humana em desespero a esperar "mais um pouco"*[2], pois o Amparo Divino não falha, mesmo que pareça tardar. Homens e mulheres, pessoas idosas e até jovens e crianças conseguiram superar os maiores dramas pessoais, porque, com Fé em Deus, foram capazes de aguardar "mais um pouco", de forma que não ingressaram em caminhos sem retorno.

Embora, mesmo que simbolicamente, tenhamos de contar até 10, 100, 1.000, 10.000 a fim de impedir qualquer atitude precipitada ou palavra cheia de rudezas, muitos dissabores serão banidos de nossa existência. Têm razão os franceses quando ponderam que "falar bondosamente não machuca a língua". *Touché!*

---

*[1] **André Luiz** — Segundo suas próprias palavras, optou pelo anonimato, ao mandar informações do Mundo Espiritual. Entre diversas obras psicografadas por intermédio de Chico Xavier, destaca-se o livro *Nosso Lar*, que descreve a rotina de uma cidade no Plano Invisível próxima à Terra. Paiva Netto também transformou esse trabalho em um dos grandes sucessos da Rede Boa Vontade de rádio, ao mandar adaptá-lo para radionovela. Também foi lançado em CD, num *kit* da Editora Elevação.

*[2] **"Mais um pouco"** — Esta mensagem de André Luiz está publicada no livro *Como Vencer o Sofrimento*, de autoria de Paiva Netto, recente lançamento da Editora Elevação.

Apesar de tantas diferenças humanas, "mesmo no verdadeiro Éden que almas generosas conseguem edificar no seio das famílias", o incentivo é, como igualmente instrui Emmanuel, "um cântico de solidariedade incessante; a bondade, uma fonte inesgotável de **Paz** e compreensão; a gentileza, a inspiração de todas as horas; o sorriso, a senha de cada um; e a mensagem permanece revestida de luz, vinculada ao Amor que o Amigo Celeste, Jesus, nos legou".

Alguém pode questionar: "Como o senhor fala em coisas tão belas, contudo abstratas, em um mundo violentamente adverso a essa espécie de pensamento?!".

Meu amigo, minha amiga, esta é justamente a hora de dizê-las! Vou explicar-lhe minha posição com um trecho do discurso que proferi, em 1982, ao povo que me honrava com sua presença durante um Congresso da Boa Vontade, em Goiânia, Goiás: "Falar de entendimento quando todos se compreendem; de Solidariedade quando ela é vivência comum entre os seres da Terra; de Paz, na paz; de gentileza, numa sociedade gentil; ou do significado do sorriso onde as pessoas proclamam e exercem a Fraternidade, que valor teria?".

"La Grenouillère", obra de Pierre Auguste Renoir (1841-1919). Acervo do Museu Nacional de Estocolmo (Suécia).

Racismo é obscenidade (assim como preconceitos sociais, religiosos, científicos ou de qualquer outra espécie). Vai solapando não somente os esforços da raça negra, mas também dos brancos pobres, dos índios, dos imigrantes... É preciso erradicá-lo, pois em seu bojo surgem os mais tenebrosos tipos de perseguição, que vêm dificultando o estabelecimento da Paz no Planeta.

Os racistas, mais dia, menos dia, serão vítimas do seu próprio atraso moral. Isso é fato inafastável, nesta ou na Outra Vida, de seus caminhos repletos de equívocos.

Ser corajoso...

Ser corajoso, leal e
realmente justo deve
especificar o conceito de quem
pretenda, neste mundo, agir com
correção nas horas
de desafio. Existe um provérbio árabe
que diz assim: "Pensar bem é sábio,
planejar bem é mais sábio e
executar bem é o mais sábio".
Como ensina a Bíblia Sagrada:
*O Senhor olha atentamente para
os caminhos do Homem e
considera os seus passos.*
Sem dúvida nenhuma, porquanto
qualquer pessoa prestará contas
a um Tribunal incorruptível,
que existe do Outro Lado da Vida,
cujo portal de entrada é a própria
consciência.

A Paz tem de ser exemplificada a partir das lideranças religiosas, pois, de outra forma, os condutores dos demais segmentos humanos poderão sentir-se justificados em seus atos de incivilidade. Mas, aqui entre nós, é preciso que se tenha mau caráter para buscar nos outros justificativas para as suas próprias barbaridades.

"Rio Sena em Asnières", obra de Paul Signac (1863-1935). Coleção Madame Signac, Paris (França).

O Brasil é o berço de esperança de uma sociedade em que, a despeito de todos os dissabores, será possível viver em Paz consigo mesmo e com o próximo. Trata-se de terra generosa, em que a Solidariedade assumirá o papel de garantir o ensejo de uma vida próspera para todos, como descreveu o filósofo e sociólogo italiano Pietro Ubaldi[*1] (1886-1972): "A grande qualidade do Brasil, o que estabelece sua função vital, é o sentimento, o coração. Nesta terra estão as raízes daquela expansividade de afetos, que é a qualidade humana que, mais tarde, evoluindo, será a mais apta a sublimar-se no amor evangélico".

Ainda teremos uma pátria em que cada um se sentirá incluído no significado maior da existência humana e cidadã: louvar o Criador enquanto serve à criatura, porque esta particulariza o sagrado altar no qual Ele deve ser adorado. Não há outra forma de engrandecer a Divindade, que é Amor, aliando Fé à Ação, construindo uma Política que tenha o bem-estar do povo, a ter início no elevado ensino para a sua Alma, como meta. É um trabalho que leva tempo? É um ideal ilusório?! Grande equívoco o de quem pensa assim. Há bastante tempo, Jean Baptiste Descuret[*2] (1795-1872) demonstrou que "muito se engana quem acredita poder afirmar que a paciência é a força dos fracos, pois é preciso ser muito forte e moderado para tê-la em qualquer ocasião". (...) Há leitores ateus que me honram com sua cortesia às minhas modestas considerações. A eles, com humildade, digo que, no tocante a Deus, pode ser entendido como Fraternidade e Solidariedade, a melhor maneira de viver como povo. (...) O Brasil realmente será o Coração do Mundo e a Pátria do Evangelho-Apocalipse, apesar de todos os que ainda querem espalhar frustração por onde a Esperança persevera. Ensinou Jesus: *O que não é possível ao Homem, para Deus é sempre possível* (Evangelho, segundo Mateus, 19:26).

---

*1 **Pietro Ubaldi** — Filósofo e sociólogo italiano. Escreveu "A Missão Histórica do Brasil no Mundo", sobre a formação e os destinos desta Pátria. Seu estudo encontra-se na revista *Boa Vontade* nº 4, de outubro de 1956, e (resumo) no livro *Apocalipse sem medo,* de Paiva Netto, Editora Elevação, 18ª edição, p. 308.

*2 **Jean Baptiste Félix Descuret** — Autor de *Médecine des passions, ou les passions considérés dans leurs rapports avec les maladies, les lois et la religion* (Medicina das paixões, ou as paixões consideradas por suas relações com as doenças, as leis e a religião), Paris, *Béchet jeune et Labé,* 1841.

Jesus ensinou a humildade, jamais a covardia. Um servidor do Cristo não deve viver atemorizado. O medo paralisa a criatura, e Ele determinou aos Seus Discípulos ação: *Ide e pregai o Evangelho por toda a parte, anunciando que é chegado o Reino de Deus* (Evangelho, segundo Marcos, 16:15).

Ninguém pode evocar o direito à vingança, mas à Justiça. Desde pequeno, aprendi com minha saudosa Mãe, Idalina, que os que pensam em se vingar, se querem insistir nessa loucura, devem primeiro providenciar duas sepulturas. Nada mais verdadeiro, porque a vingança conturba, nesta ou na Outra Existência, a Alma de quem a pratica.

Quer mudar o seu destino? Procure cumprir o seu papel solidário na vida. É bem melhor que viver se lamentando da sorte. Uma boa dica para Você, numa lição do velho Zarur: "Faze a tua parte, e Deus fará a parte Dele". Experimente. Não custa nada tentar... O Pai Celestial não falha. Está sempre nos oferecendo auxílio. Nós é que, tantas vezes, não sabemos aproveitá-lo devidamente. Não se esqueça da história do "Sousa"*, que, de tanto esperar o Auxílio Divino durante uma inundação, acabou morrendo afogado. Deus lhe mandara várias opções de salvamento, mas ele deixou todas passar.

* **O "Sousa"** — Leia a íntegra da história no segundo volume de *O Brasil e o Apocalipse,* de Paiva Netto.

ordem interna...

Os impedimentos de ordem interna são mais prejudiciais ao progresso de um povo que os de ordem externa*. Por exemplo: mantê-lo afastado do conhecimento, posto que, quanto menos instruído, mais fácil de ser dominado. Isso é um crime de lesa-pátria!

Bem a propósito, este argumento de Abraão Lincoln, que incluí, em 1999, no *Manifesto da Boa Vontade*: "De onde podemos temer a aproximação do perigo? Eu respondo que, se ele nos atingir, terá surgido de nós mesmos. O perigo não pode vir de fora. Se houver destruição daquilo que temos, nós mesmos seremos os responsáveis".

* Esta definição de Paiva Netto se encontra originalmente no seu livro *Dialética da Boa Vontade — Reflexões e Pensamentos,* lançado em 1987, e, anteriormente, em suas palestras no rádio e na televisão.

Os momentos de dor sempre devem servir à elevação da Alma. É a sua finalidade neste mundo.

A Terra é um Educandário Divino, onde se espraiam as nobres lições de Jesus, o Catedrático Celeste. A grande reforma dessa Universidade Sublime é superior ao renascimento que se deu na Europa, anteriormente preparado pelos muçulmanos, que foram, na Antiguidade histórica, buscar a sabedoria esquecida dos gregos. No Ocidente, surgiram figuras luminares como Da Vinci, Michelangelo, Cellini, Rafael, Giovanni Picco della Mirandola, Pietro Pomponazzi*. É muito mais que isso! É a nova Ressurreição do Cristo e de todos aqueles que se comprazem no verdadeiro Bem que de Deus desce ao mundo. Trata-se do definitivo Renascimento do Espírito Divino, a beneficiar cada criatura e toda a sociedade ansiosa de Luz.

---

* **Da Vinci, Michelangelo, Cellini, Rafael, Giovanni Picco della Mirandola, Pietro Pomponazzi** — Entre outros, entraram na História como grandes figuras do Renascimento, movimento artístico, literário e científico que floresceu na Europa entre o período que corresponde à Baixa Idade Média e ao início da Idade Moderna, do século XIV ao XVI. O Universalismo, uma das principais características da época renascentista, considera que o Homem deve desenvolver todas as áreas do conhecimento.

Poeticamente falando, neste mundo, que ainda não é o ideal, combater o erro é como estar em uma dança: adiantam-se dois passos, recua-se um; avançam-se outros, retrocedem-se poucos. Todavia, nunca se pode parar de evoluir no grande salão da existência humana, até que, depois de muitas idas e vindas, se chegue, finalmente, a um momento de glória. É como ocorre com a Lei Universal da Reencarnação, com as nossas descidas à Terra e subidas ao Céu... até que mereçamos permanecer por lá. Graças a Deus!

Revolução verdadeira é aquela que ergue o Espírito do Ser Humano. Escreveu o ilustre político e clínico benemérito Dr. Bezerra de Menezes: "(...) soletrai, antes de tudo, o alfabeto da Bondade (...). Sem as primeiras letras do Amor, nunca entenderemos o sagrado poema da vida". Toda a razão ao respeitado Guia Espiritual, porque sem Amor, sinônimo de Caridade — que exige coragem e que é Deus —, não existirá jamais revolução que, em definitivo, mude para melhor o rumo da existência planetária.

A liberdade autêntica será alcançada quando, finalmente, cumprirmos as Leis Universais que regem o Cosmos. Um dia descobriremos todo o seu mecanismo, que se encontra à disposição de quem realmente queira desvendá-lo. Então, com maior velocidade, avançaremos pelos caminhos de Deus, sem voltar a tropeçar nos obstáculos que, por nosso próprio trajeto, levianamente andávamos espalhando.

Depositemos nossa Fé Realizante no Poder Divino, na vida e no progresso. Enfim, mantenhamos o ânimo, confiando na capacidade do Ser Humano (e em seu Espírito eterno). Com Respeito e Esperança devemos motivá-lo. Batalhemos, pois, de forma incessante — como propunha Zarur, no seu *Poema da Amizade* — para, "mesmo assim de rastros, tentar trazer o paraíso à Terra".

"Barcas em Saintes-Maries", obra de Vincent van Gogh (1853-1890), Laren (Holanda).

O Sol nasce para todos!

O Pai Celestial está sempre disposto a nos oferecer mais, mostrando-nos um caminho de realizações, um mundo de belezas eternas. Basta ver que nos mandou o próprio Jesus para trazer-nos a Sua fórmula de elevação espiritual (Evangelho, segundo João, 3:16 e 17):

16 Porque de tal maneira amou Deus ao mundo, que lhe deu o Seu Filho Unigênito, para que todo aquele que Nele crê não pereça, mas tenha a vida eterna[*1].

17 Porquanto Deus enviou o Seu Filho ao mundo, não para que julgasse o mundo, mas para que o mundo fosse salvo por Ele.

Ora, dessa Medida Celeste de elevação moral e espiritual das criaturas resultará o definitivo erguimento **social** das massas se elas, convictamente, portanto com perseverança, realizarem este ensinamento do Cristo (Evangelho, segundo Mateus, 6:33):

— *Buscai primeiramente o Reino de Deus e Sua Justiça, e todas as coisas materiais vos serão acrescentadas.*

Diante desse roteiro magnífico de libertação divina, quantas vezes, por causa de um simples "me-dá-lá-aquela-palha", esquecemos as grandezas que o Pai preparou para que não nos atrasemos presos às garras da ignorância.

Tudo acabou, nada!

Muitas vezes Você está desesperado (ou desesperada) e diz: "Tudo acabou! Nada mais existe!". No entanto, o Sol continua brilhando lá fora; o ar, circulando à sua volta; a vida, vivendo... A Humanidade permanece repleta de esperança. Pessoas se amando, existindo, trabalhando, realizando... Todavia, Você vê e sente tudo com amargura, porque se tornou particularmente amargo (ou amarga).

Há dois milênios, porém, Jesus advertia:

— *Se os seus olhos são trevas, que grandes trevas serão!* (Evangelho, segundo Mateus, 6:23).

Isto é, que grande obscuridade será a sua existência!

Entretanto, milênios de Cristianismo humano transcorreram. E, quando o Mestre se aproxima para, apesar de todas as aparências em contrário, iluminar, por meios que apenas Ele conhece, o mundo, com o Seu Cristianismo total, sublimando realmente a existência humana, Você pensa em desistir?!... Querer "morrer na praia", depois de atravessar **oceanos** de lutas e dificuldades, que pareciam desejar afogá-lo (ou afogá-la) em desespero?!

Nas horas de desânimo, lembre-se destas palavras do saudoso Papa João XXIII*[2] (1881-1963), que, com o seu conhecido alto-astral, afirmava: "Sou sempre otimista, ainda quando exprimem perto de mim profunda inquietação pelo destino da Humanidade".

O Sol nasce para todos. Não tem culpa de que o egoísmo **ainda** vigore na Terra. *Quousque tandem, Catilina?* *[3]

Winston Churchill*[4] (1874-1965) foi outro exemplo de perseverança. Na hora dramática em que, com mão poderosa, conduzia a sua "pequena ilha" na luta em oposição a Adolf Hitler*[5] (1889-1945), sua voz levantava-se contra o medo. E o povo fortalecia-se na férrea decisão de não ceder aos nazistas. Isso já faz parte da História. Contudo, nestas palavras que retratam bem sua forte determinação, até hoje nos convida a jamais desanimar:

— Nunca desista,
Nunca, nunca, nunca!
Em nada, grande ou pequeno,
Importante ou insignificante...
Nunca desista!

Boa medida é, pois, em nenhum momento capitular ante os desafios da existência humana e espiritual[*6].

Mas entenda, acima de tudo, a lição do Mestre Jesus como os Seus Apóstolos a compreenderam: persevere sempre mais um pouco e sentirá que a sua redenção está próxima.

Disse o Cristo:

— *Na vossa perseverança, salvareis as vossas almas* (Evangelho, segundo Lucas, 21:19).

Portanto, é proveitoso — e revela sabedoria pessoal — guardarmos este Divino Alertamento no coração e na mente em todos os dias de nossa existência. Dessa forma, estaremos cada vez mais no caminho da felicidade eterna e da Glória de Deus.

*[1] **Nota do autor** — Quanto ao versículo 16 do capítulo 3 do Evangelho de Jesus, segundo João, o Discípulo Amado, ficou conhecido como o da preferência de Martinho Lutero. Conta-se mesmo que, na hora de sua morte, o grande reformador o proferiu, enquanto entregava a sua alma ao Pai Celestial.

*[2] **Papa João XXIII** — Ângelo Giuseppe Roncalli é o nome de batismo desse eminente religioso, que convocou o Concílio Ecumênico Vaticano II. Empenhou-se de corpo e alma para que houvesse a unidade entre os cristãos. Aos problemas sociais, o grande pontífice apontava como solução a Paz e a Justiça de Jesus Cristo. Morreu em Roma no dia 3 de junho de 1963. Vale ressaltar que o seu sucessor, o Papa Paulo VI (1897-1978), destacou o trabalho do saudoso Alziro Zarur, por ser o autor da Cruzada de Religiões Irmanadas, em prol da Liberdade Religiosa, lançada pelo fundador da LBV, oficialmente, em 1º de janeiro de 1950. Por essa iniciativa, o também poeta e escritor brasileiro foi agraciado com a Medalha do Papa Paulo VI, "por serviços prestados à causa do Ecumenismo" — láurea entregue pelo Núncio Apostólico, Dom Sebastião Baggio.

*[3] **Nota do autor** — Frase de Cícero (106-43 a.C.) — Marcus Tullius Cícero: Orador e político romano. Ficou famoso o seu eloqüente repúdio a Catilina (Lúcio Sérgio Catilina), quando este teve a audácia de comparecer ao Senado Romano, depois de descoberta a sua conspiração contra a República: *Quousque tandem abutere, Catilina, patientia nostra*? (Até quando, Catilina, abusarás da nossa paciência?). Cícero publicou além de tratados de retórica, obras de Filosofia.

*[4] **Winston Churchill** — Famoso primeiro-ministro britânico, cujo nome de batismo é Winston Leonard Spencer Churchill. Estadista, jornalista, militar e escritor. Teve posição de destaque nos dois grandes conflitos mundiais, notadamente no que ocorreu de 1939 a 1945. Notabilizou-se pela eloqüência e pelo espírito combativo que o levou a dirigir o governo de coalizão do seu país, durante a Segunda Guerra Mundial. Seu esforço, ao lado de Roosevelt, Stalin e, posteriormente,

Truman, foi decisivo para a derrota de Hitler. Em 1953, recebeu o Prêmio Nobel de Literatura por sua obra mais famosa, *The Second World War* (Memórias da Segunda Guerra Mundial).

*5 **Adolf Hitler** — Líder político alemão, nascido na cidade austríaca de Braunnau (1889-1945). Foi o responsável por um dos maiores genocídios da História, durante a Segunda Grande Guerra, contra milhões de judeus, eslavos, ciganos, homossexuais, intelectuais e diversas minorias. Dirigiu o partido nazista, que era anteriormente inexpressivo. Escreveu um livro, no qual apresentou suas idéias baseadas no nacionalismo exacerbado, no anticomunismo, no anti-semitismo e na crença na superioridade da raça ariana. Segundo alguns estudiosos, começou o extermínio de deficientes físicos e mentais germânicos antes da conflagração iniciada em 1939. Em 30 de abril de 1945, com as tropas soviéticas invadindo Berlim, ele e sua esposa, Eva Braun, suicidaram-se no *bunker* (espécie de abrigo subterrâneo e blindado) que mandara construir sob a chancelaria alemã.

*6 **Nota do autor** — Ao citar a vida **espiritual**, refiro-me à existência vigente após o fenômeno chamado morte. O Mundo Espiritual, gosto de reiterar, não é algo abstrato, indefinido. Ele existe mesmo, cheio de vibração e trabalho. Disse Jesus: (...) *Meu Pai não cessa de trabalhar, e eu trabalho também* e *Não se turbe o vosso coração; crede em Deus, crede também em mim. Na casa de meu Pai há muitas moradas; se não fosse assim, eu vo-lo teria dito: vou preparar-vos lugar. E, se eu for, e vos preparar lugar, virei outra vez e vos levarei para mim mesmo, para que onde eu estiver estejais vós também* (Evangelho, segundo João, 5:17 e 14:1, 2 e 3, respectivamente).

Índice de nomes

Bibliografia

A BÍBLIA DE JERUSALÉM. São Paulo: Paulus Editora, 1995.

A ESSÊNCIA DE DEUS. São Paulo: Martin Claret, 1997. (Coleção Pensamentos e Textos de Sabedoria. v. 17.)

AGUIAR, Sonia de. *Farmácia de pensamentos*. Rio de Janeiro: Relume Dumará, 1999.

ARRUDA, Sílvio Ferraz de. *Frases célebres notáveis*. 2. ed. rev. São Paulo: Nobel, 1998.

BACH, Marcus. *As grandes religiões do mundo — Origens, crenças e desenvolvimento*. Tradução de Marli Berg. Rio de Janeiro: Nova Era, 1998.

BHAGAVAD-GITA SEGUNDO GANDHI. Tradução de Norberto de Paula Lima. São Paulo: Ícone Editora, 1992.

BÍBLIA SAGRADA — ANTIGO E NOVO TESTAMENTO. Tradução para o português de João Ferreira de Almeida. Brasília: Sociedade Bíblica do Brasil, 1969.

BÍBLIA SAGRADA — NOVO TESTAMENTO. Tradução do Pe. Matos Soares. Porto: Grandes Oficinas Gráficas da Sociedade de Papelaria, 1954. 4 v.

BLACKBURN, Simon. *Dicionário Oxford de Filosofia*. Tradução de Desidério Murcho *et al*. Rio de Janeiro: Jorge Zahar Editor, 1997.

CARTLEDGE, Paul. *História ilustrada da Grécia Antiga*. Rio de Janeiro: Ediouro, 2002.

CLEARY, Thomas. *O essencial de Confúcio*. 2. ed. Tradução de Luiz Roberto Mendes Gonçalves. São Paulo: Best Seller, 1992.

CHALLITA, Mansour. *Os mais belos pensamentos de todos os tempos*. Rio de Janeiro: Associação Cultural Internacional Gibran, [s. d.]. v. 5.

DELLA NINA, Aldo. *Dicionário da sabedoria*. São Paulo: Fittipaldi Editores, 1985. v. 1 a 4.

DICIONÁRIO DE CIÊNCIAS FÍSICAS E BIOLÓGICAS ILUSTRADO. Lisboa: Edições para Ensino e Cultura; São Paulo: Editora Meca, [s. d.].

FINGER, Charles J. *A essência da sabedoria de Confúcio*. Tradução, introdução e notas de Chiang Sing. Rio de Janeiro: Ediouro, [s. d.].

GRACIÁN, Baltasar. *A arte da prudência*. São Paulo: Martin Claret, 2000. (Coleção A obra-prima de cada autor.)

GRAHAM, Billy. *Billy Graham responde*. Tradução de Oswaldo Ramos. Deerfield: Vida, 1960. 2ª impr. 1993.

GRANDE ENCICLOPÉDIA LAROUSSE CULTURAL. São Paulo: Nova Cultural, 1998.

GUARACY, Thales. *Máximas para os negócios e sua vida pessoal*. 2. ed. São Paulo: Negócio Editora, [s. d.].

JONES, Eli Stanley. *Jesus é Senhor*. 2. ed. São Paulo: Imprensa Metodista, 1969.

KEMPIS, Tomás. *Imitação de Cristo*. Prólogo, tradução e reflexões do Pe. J. I. Roquette. Rio de Janeiro: Ediouro, 1993.

KING, Francis X. *O livro de ouro das profecias de Nostradamus.* Tradução de Bete Torii. Rio de Janeiro, Ediouro, 2002.
LIMA, Moacir Costa de Araújo. *A nova Física e o Espírito.* 2. ed. Porto Alegre: Editora AGE, 2000.
MIRANDA, Hermínio C. *Reencarnação e imortalidade.* 4. ed. Rio de Janeiro: Federação Espírita Brasileira, 1991.
NOVA ENCICLOPÉDIA BARSA. São Paulo: Encyclopaedia Britannica do Brasil Publicações, 2001.
NOVO AURÉLIO SÉCULO XXI — O DICIONÁRIO DA LÍNGUA PORTUGUESA. Rio de Janeiro: Nova Fronteira, 2002.
NUNES, Clóvis Souza. *Transcomunicação — Comunicações Tecnológicas com o mundo dos "mortos".* 4. ed. Sobradinho: Edicel, 1998.
O ALCORÃO. Tradução de Mansour Challita. Rio de Janeiro: Associação Cultural Internacional Gibran, [s. d.].
O TALMUD (excertos). 2. ed. rev. Tradução, introdução e posfácio de Moacir Amâncio. Apresentação do Rabino Henry Sobel. São Paulo: Iluminuras, 1995.
PAIVA NETTO, José de. *Apocalipse sem medo.* 18. ed. São Paulo: Elevação, 2000.
———. *Dialética da Boa Vontade — Reflexões e pensamentos.* São Paulo: Legião da Boa Vontade, 1987.
———. *Diretrizes Espirituais da Religião de Deus.* São Paulo: Religião de Deus, 1987. v. 1; 1991. v. 2.; 3. ed., 1996. v. 3.
———. *Livro de Deus — Religião, filosofia, ciência e política de Deus.* 25. ed. São Paulo: Religião de Deus, 1982.
———. Manifesto da Boa Vontade. *Revista LBV* nº 23. São Paulo: Legião da Boa Vontade, 1991.
———. *Somos todos Profetas.* 44. ed. São Paulo: Elevação, 1999.
REVISTA PAZ PARA O MILÊNIO. São Paulo: Religião de Deus, 2000.
REVISTA LBV nº 188, dez. 2000. São Paulo: Elevação.
SCHILLING, Voltaire. *As grandes correntes do pensamento — Da Grécia Antiga ao neoliberalismo.* 2. ed. rev. e ampl. Porto Alegre: Editora AGE, 1999.
SCHOPENHAUER, Arthur. *A vontade de amar.* Tradução de Aurélio de Oliveira. Rio de Janeiro, Ediouro, [s.d.].
VAET, Ives. *Pequeno livro de frases.* São Paulo: Departamento Gráfico do Centro de Estudos Vida e Consciência e Editora (impr.), 1998.
VIANA FILHO, Luís. *A vida de Joaquim Nabuco.* 2. ed. São Paulo: Livraria Martins Editora, 1973.
VILLAMARÍN, Alberto J. G. *Citações da cultura universal.* Porto Alegre: Editora AGE, 2002.
XAVIER, Francisco Cândido. *No Mundo Maior.* 12. ed. Rio de Janeiro: Federação Espírita Brasileira, 1984.
———. *Renúncia.* 30. ed. Rio de Janeiro: Federação Espírita Brasileira, 2002.
———. *A caminho da Luz.* Rio de Janeiro: Federação Espírita Brasileira, 2002.
———. *Palavras de Emmanuel.* Rio de Janeiro: Federação Espírita Brasileira, 1992.

Correspondência para o autor:
Rua Sérgio Tomás, 740 • Bom Retiro
São Paulo/SP • CEP 01131-010
E-mail: paivanetto@uol.com.br

ELEVAÇÃO

Cadastro de mala-direta

Av. Rudge, 938 — Bom Retiro
São Paulo/SP — 01134-000
Tel.: (11) 3225-4800
Fax: (11) 3331-5803
info@elevacao.com.br
www.elevacao.com.br

Nome: ____________________
Endereço: ____________________
Bairro: __________ CEP: __________
Estado: __________ UF: ____ Tel.: __________
E-mail: ____________________
Profissão: __________ Nascido em: ____/____/____
Sexo: ☐ M ☐ F

Você compra livros em:

☐ Livrarias ☐ Feiras
☐ Por telefone ☐ Reembolso postal
☐ Internet ☐ Outros: __________

____

Onde você comprou o livro "Reflexões da Alma"?

____

Indique um amigo que você gostaria de presentear com a nossa mala-direta:

Nome completo: ____________________
Endereço: __________ CEP: __________
Telefone: __________ Bairro: __________
Cidade: __________ Estado: __________

Ao enviar este cadastro preenchido, você passará a receber periodicamente o nosso catálogo.

ESTE LIVRO FOI COMPOSTO NA
TIPOLOGIA ADOBE GARAMOND E
IMPRESSO EM PAPEL OFFSET 90 G/M².